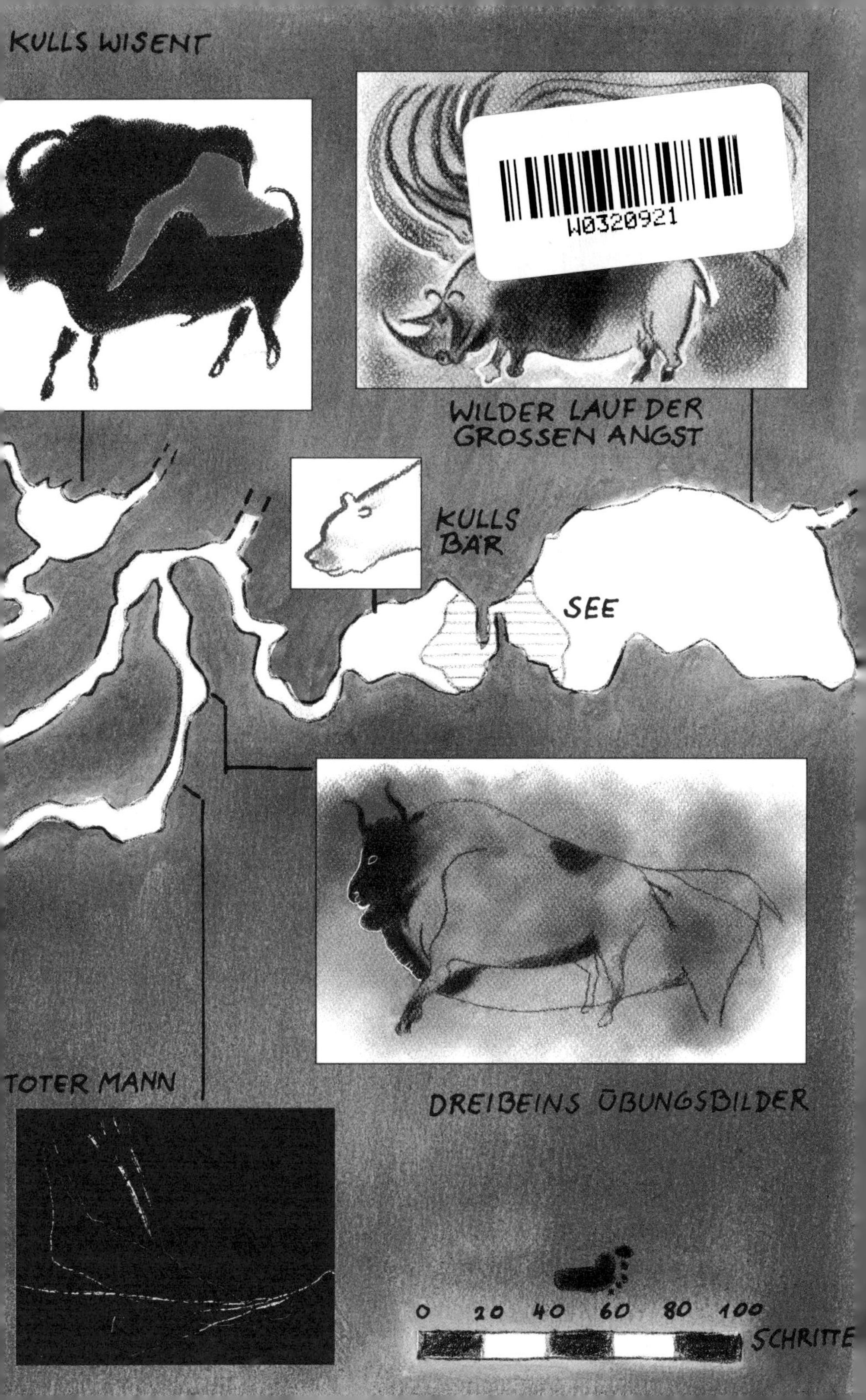
KULLS WISENT
WILDER LAUF DER GROSSEN ANGST
KULLS BÄR
SEE
TOTER MANN
DREIBEINS ÜBUNGSBILDER
0 20 40 60 80 100
SCHRITTE

Erich Ballinger
wurde 1943 in Graz geboren; Lehrerausbildung, anschließend Lehrtätigkeit in den USA und Reisen nach Südamerika. Danach fast 20 Jahre Lehrer. Seit einigen Jahren ist er freier Illustrator und Autor. Er hat schon einmal über die Steinzeit geschrieben: in seinem packenden Krimi »Der Gletschermann«, der die Geschichte des 5000 Jahre alten Gletschertoten vom Hauslabjoch erzählt.

Von Erich Ballinger
im Ueberreuter-Verlag erschienen:
Das gruselige Handbuch für Monsterfans
Das schlaue Handbuch für Minidetektive
ABC für Österreich-Fans
Noch schlimmer geht's immer
Vampire auf Schloss Zahnfleisch

Erich Ballinger

DER HÖHLENMALER

Ueberreuter

Die Deutsche Bibliothek – CIP-Einheitsaufnahme

Ballinger, Erich:
Der Höhlenmaler / Erich Ballinger. – Wien :
Ueberreuter, 2000
ISBN 3-8000-2625-2

**This book is dedicated to Sara,
who always sends me
the right book at the right time.**

J 2431/1

Umschlag und Illustrationen von Erich Ballinger

Printed in Austria
7 6 5 4 3 2 1

Ueberreuter im Internet: www.ueberreuter.de

1

Die rote Hand umfasst den runden Stein und schlägt zu. Knirschend zerbricht der rote Stein in der Mulde der Steinplatte, zerbricht in kleine Stücke. Weiter schlägt der runde Stein in roter Hand. Kleiner werden die roten Steinteile, kleiner und kleiner, bis der rote Stein roter Staub ist. Die Hand kippt die Steinplatte. Der rote Staub rieselt in einen Lederbeutel. Kleine, rote Staubwolken steigen auf.

Dreibein blickt auf seine roten Hände. Jetzt sind sie rot. Manchmal sind sie gelb, wenn Dreibein aus gelben Steinen gelben Staub macht. Manchmal sind die Hände schwarz.

Dreibein sitzt unter dem hohen, runden Dach aus Fels. Wie eine hohle Hand hält der Fels das Dach über Dreibein, schützt ihn vor Regen, Schnee und Wind. Viel Platz ist unter dem Dach aus Fels. Erst viele Schritte hinter ihm wird das Dach niedriger, die Wände enger und am Ende ist ein dunkler Spalt im Fels: der Eingang in den Berg. Dreibein ist noch nie durch den Spalt in das Innere des Berges gegangen. Er weiß nicht, wie tief er in den Berg gehen kann, weiß nicht, was drinnen ist, weiß nicht, was Kull der Schamane drinnen macht, denn oft bleibt Kull lange Zeit im Berg. Dreibein möchte es gerne wissen. Doch Kull hat ihm verboten, durch den dunklen Spalt in den Berg zu gehen.

Dreibein achtet Kulls Verbot. Kull hat Dreibein gerettet. Kull ist der Einzige, der ihn schützt. Ohne Kull wäre Dreibein nicht mehr. Dreibein erinnert sich, Bilder entstehen in seinem Kopf:

Irgendwo, in der Nähe des Großen Flusses liegt der Junge, der keinen Namen hat, im feuchten Sand. Er kann nicht weiter, kann nicht gehen. Der Fuß des einen Beines ist kein Fuß mehr. Dort, wo der Fuß sein soll, ist ein blutiger Fleischklumpen, dort ist Schmerz, der so groß ist, dass es immer wieder Nacht im Kopf des Jungen wird. Bricht der Tag in seinem Kopf an, ist der Schmerz wieder da und der Junge schreit. Am Anfang schreit der Junge noch, später, als er zu schwach zum Schreien ist, stöhnt und wimmert er nur mehr.

Kull der Schamane findet den Jungen. Er gießt kühles Wasser über den Fuß, der kein Fuß mehr ist. Er tropft Saft von Beeren darauf und umwickelt den fleischigen Stummel mit Blättern. Er hüllt den Jungen in ein Fell, hebt ihn hoch und trägt ihn weg.

Lange Zeit trägt der Schamane den Jungen. Hin und wieder legt er ihn nieder um auszuruhen und nach der Verletzung zu sehen. Dann trägt er ihn weiter. Immer bergan, steil bergan. Der Junge weiß nicht, wie lange er getragen wird, die meiste Zeit ist Nacht in seinem Kopf.

Wieder legt Dreibein einen roten Stein in die Mulde auf der Steinplatte. Wieder schlägt er mit dem runden Stein. Schlägt ... schlägt ... schlägt ... Wieder sieht Dreibein ein Bild von dem, was vergangen ist:

Die lange, lange Nacht im Kopf des Jungen ist vorbei. Der Junge liegt auf weichen Fellen unter dem Felsdach vor dem Eingang zur Höhle. Der Schmerz ist noch da, doch nicht mehr so groß, dass es wieder dunkel in ihm wird.

Viele Tage liegt der Junge unter dem hohen, runden Felsdach. Der Schamane gibt ihm zu essen, zu trinken und pflegt den Fußstummel. Er beschmiert ihn mit fettigem Brei, legt Blätter und Kräuter darauf und gibt dem Jungen stinkende, eklige Flüssigkeit zu trinken.

»Löscht das brennende Feuer in deinem Körper«, sagt der Schamane.

Kull spricht nicht viel. Nur das, was nötig ist. »Iss!«, »Trink!«, »Bleib liegen!« Nicht viel mehr. Die meiste Zeit ist der Junge allein. Kull ist oft lange in der Höhle, im Inneren des Berges. Oder er geht bergab den kleinen Bach entlang, der unterhalb der Höhle aus dem Berg springt. Nur zum Schlafen, zum Essen oder wenn er den Kranken pflegt, kommt Kull unter das Dach vor dem Höhleneingang.

Kull lebt allein. Nur der Mann, der nicht sprechen kann, ist zeitweise bei ihm. Kull nennt ihn Sprichtnicht. Sprichtnicht ist oft viele Tage fort, und wenn er zurückkommt, bringt er kleine Jagdbeute mit, die er fängt: Hasen, Vögel, Ratten, Fische ... Sprichtnicht bringt dem Schamanen rote, gelbe und schwarze Steine, bringt Holz für das Feuer, geht mit Kull in die Höhle, macht Werkzeuge und Fackeln, tut dies und das, nur eines nicht: Er spricht nicht.

Manchmal sitzt Sprichtnicht beim Feuer unter dem Felsdach und hält die Hand hinter das Ohr. Lange Zeit sitzt er so da und scheint zu lauschen. Seine Augen sind geschlossen. Er sagt nicht, was er hört.

Aus dem roten Stein ist roter Staub geworden. Dreibein kippt die Steinplatte und lässt den roten Staub in den Lederbeutel rinnen. Er wischt den Rest mit der Hand von der Platte. Wieder taucht ein Bild auf von dem, das war:

Der Fußstummel des Jungen ist verheilt. Noch kann der Junge nicht damit auftreten, das schmerzt zu sehr. Er kriecht auf Händen und Knien. Kull gibt dem Jungen einen Stock mit einer Astgabel, die mit weichem Fell umwickelt ist.

»Versuch aufrecht zu gehen!«, sagt Kull.

Der Junge klemmt die Astgabel unter seinen Arm. Er legt das Gewicht seines Körpers auf den Stock und kann so den gesunden Fuß vorwärts schieben. Dann das Gewicht auf den gesunden Fuß und der Junge schiebt den Stock nach vor. Am Anfang ist das Gehen mit dem Stock noch langsam und anstrengend und der Junge fällt oft zu Boden. Nach einigen Tagen geht der Junge, als ob der Krückstock ein Bein aus Fleisch und Blut wäre. Der Junge freut sich.

Einige Kinder kommen den Bach herauf und gehen scheu an der Höhle vorbei. Sie sehen den Jungen mit der Krücke gehen. Ein Kind ruft: »Dreibein! Dreibein! Dreibein!«

Die anderen Kinder schreien mit. »Dreibein! Dreibein! Dreibein!« Dabei springen sie um den Jungen herum. Kull lacht und sagt: »Dreibein! Ein guter Name für dich.«

Dann geht Kull in die Höhle. Sein Lachen wird leiser. Der Junge lacht nicht.

Wütend schlägt Dreibein auf den roten Stein vor sich. Der Stein ist nicht schuld an seinem Unglück. Dreibein weiß es. Doch die Wut in ihm muss heraus. Und er schlägt und schlägt ...

Dreibein mag seinen Namen nicht. Der Name sagt, was er nicht kann: auf zwei Beinen gehen. Er braucht drei. Der Name sagt nicht, was er gut kann. Was kann Dreibein gut? Steine zu Staub schlagen? – Das ist nichts. Das kann jeder. Kull gibt ihm diese Arbeit, weil sie so leicht ist. Kann Dreibein andere Dinge tun, die wichtig sind, die nicht jeder kann? Er weiß es nicht. Dreibein weiß nichts.

Dreibein denkt an das Bild, das am Anfang seiner Erinnerung steht: Er liegt am Sand in der Nähe des Flusses und sein Fuß ist kein Fuß mehr, sondern nur Schmerz. Welches Bild war davor? Wo ist das Bild, das zeigt, was mit seinem Fuß geschah? Wo sind die Bilder, die ihn als kleinen Jungen zeigen, wo das Bild seiner Mutter? Jedes Mal, wenn Dreibein die Bilder sucht, steigen rote Staubwolken in seinem Kopf auf. Hoch und dicht bauen sie sich auf und verstellen ihm die Sicht. Der rote Staub versteckt die Bilder, die Dreibein finden möchte. Roter Staub

verdeckt alles, was vorher war. Roter Staub lässt ihn nichts wissen.
Dreibein wischt den roten Staub von der Steinplatte in den Lederbeutel. Der ist schon fast voll, gefüllt mit rotem Staub.

Dreibein hebt den Kopf und blickt unter dem Felsdach auf das Land hinaus. Der Eingang zur Höhle ist hoch oben am Berg, so sieht Dreibein viel Land unter sich. Weiche runde Hügel von gelbem Gras bewachsen. Grünschwarze, kleine Wälder auf Hügelkuppen. Grauer, schroffer Fels, dort, wo der Bach rinnt. Weit weg das weite, flache Land, durch das sich der Große Fluss wie eine Schlange windet. Entlang der Ufer Wälder mit gelben und braunen Blättern. Weißer Nebel steigt aus dem Großen Fluss und breitet sich über das Land aus. Weit jenseits des flachen Landes – hohe, schwarze Berge. In den hohen Tälern der Berge sind weiße Eiszungen, die niemals schmelzen, immer bleiben. Die Sonne ist hinter den Bergen hinabgestiegen, es wird dunkel. Es wird kalt.

Dreibein fühlt sich wie ein Tier in der Falle. Einer Falle, wie Sprichtnicht sie baut. Aus diesen Fallen gibt es kein Heraus: Vor Dreibein das große, weite Land – zu groß, zu weit für drei Beine. Ein Bein zu viel. Kurze Wege kann Dreibein gehen. Mit der Zeit vielleicht sogar längere. Aber jagen, überleben, lange Wege gehen, zum Großen Fluss, zu den Schwarzen Bergen – das wird Dreibein nie können. Nach vorne, ins weite Land – kein Weg für Dreibein.

Hinter ihm, die Höhle, der Weg in die innere Welt des Berges – verschlossen durch Kulls Verbot.

In seinem Kopf, der Weg zurück zu frühen Bildern, die ihm sagen, wer er ist – versperrt durch dichten, roten Staub.

Kein Weg hinaus.

Hinter Dreibein flüstert es, wie Wind in dürrem Laub. Dreibein dreht sich nicht um. Er weiß, es ist Kull, der auf ihn zukommt.

Kulls lederner Umhang flüstert, wenn Kull geht. Kull trägt den Umhang mit dem Fell nach innen. An der glatten, schwarzen Außenseite sind viele kleine Dinge festgemacht: Steinchen mit roten Punkten, spitze Tierzähne, bemalte Schneckenhäuser, bunte Muscheln, kleine Tierköpfe aus Holz geschnitzt, Knochenstückchen mit eingeritzten Zeichen, Vogelschnäbel, Federn, Krallen, vertrocknete Rattenschwänze, Streifen von Schlangenhaut, Rentierhufe ... Wenn Kull sich bewegt, schlagen die kleinen Dinge aneinander, dann flüstert Kulls Umhang.

Kulls Hand greift in den Lederbeutel und lässt roten Staub durch seine Finger rinnen. Kulls Hand glänzt in allen Farben.

»Gut«, sagt er. »Genug jetzt, komm essen!«

Dreibein rutscht auf den Knien zum Feuer. Kull holt ein Stück Fleisch aus der heißen Asche, teilt es mit einem Steinmesser und gibt ein Stück Dreibein. Er wirft Holz in die Glut. Bald flackert das Feuer hoch.

Kull isst nicht viel. Lustlos schiebt er einige Fleischstücke zwischen die schwarzen Lippen und kaut gelangweilt daran herum. Dann rülpst er und gibt den Rest seines Stückes Dreibein.

Es gibt viel, das Dreibein von Kull wissen möchte: Warum Kulls Lippen, Zähne und Zunge schwarz sind. Warum Kull keine Haare am Kopf hat. Warum er so mager ist, warum das Weiß seiner Augen oft von roten Äderchen durchzogen ist. Dreibein möchte wissen, was Kull in der Höhle macht, in der er lange Zeit verbringt, möchte wissen, wozu der Schamane roten, schwarzen und gelben Staub braucht, möchte wissen, wohin Kull geht, wenn er bachabwärts hinter einer Krümmung des Tals verschwindet, möchte wissen ...

Es gibt noch viel, das Dreibein wissen möchte, doch er hat Angst zu fragen. Kull hat Dreibein noch nie geschlagen oder ihm wehgetan, trotzdem scheut er sich mit Kull zu sprechen. Zu unnahbar, zu weit weg ist der Schamane für ihn. Vielleicht lebt Kull in einer anderen Welt, einer Welt, die Dreibein nicht sehen kann. Dreibein hat Angst, Kull in seiner geheimen Welt zu stören und zornig zu machen. Darum fragt Dreibein nicht.

Kull lehnt mit dem Rücken an der Felswand und hält die Augen geschlossen. Plötzlich sagt er: »Was willst du wissen, Dreibein? Frag!«

Dreibein erschrickt. Kann Kull in seinen Kopf sehen, kann er sehen, was Dreibein denkt? Zögernd fragt er: »Kull, als du mich verletzt gefunden hast, unten am Großen Fluss – was war vorher, wie bin ich dorthin gekommen, warum die Verletzung?«

Der Schamane öffnet weit die Augen und setzt sich mit einem Ruck gerade.

»Großes Rinderhorn! Willst du mir sagen, dass du nicht weißt, woher du kommst, zu welcher Menschenherde du gehörst, wie du zu deiner Verletzung gekommen bist ...?«

Dreibein nickt.

Kull sieht Dreibein mit zusammengekniffenen Augen an und reibt mit der Hand seinen kahlen Schädel. Lange sagt er nichts. Dann hebt er ratlos die Hände und lässt sie wieder sinken.

»Ich weiß es auch nicht«, sagt er leise.

Dreibein ist angespannt dagesessen, jetzt sinkt er in sich zusammen. Zu sehr hat er gehofft, dass Kull die Antwort weiß, dass Kull für ihn die Bilder malen könnte, die Dreibein im roten Staub nicht erkennen kann. Nichts. Die Falle bleibt zu.

Kull steht auf und geht zu seinem Schlafplatz. Er sagt: »Schlaf jetzt. Sprichtnicht ist morgen nicht da. Morgen musst du mir helfen ... drinnen in der Höhle.«

Lange Zeit kann Dreibein nicht einschlafen. Er ist aufgeregt. Er freut sich. Morgen darf er in das Innere des Berges, in eine Welt, die ihm bisher verboten war. Eine Seite der Falle ist offen. Morgen schlüpft er hinaus, in die Höhle hinein.

Auch Angst hat Dreibein. Wird er mit seiner Krücke in der Höhle gehen können? Wird er die Arbeit machen können, die

Kull ihm aufträgt? Kull würde zornig sein, wenn er versagt, würde die Höhle für Dreibein wieder schließen.

Noch etwas lässt Dreibein nicht schlafen: Kull. Kann er sehen, was Dreibein denkt? Hat er sehen können, wie Dreibein enttäuscht war, dass Kull ihm nicht helfen konnte, seine vergangenen Bilder zu finden? Hat er das Bild der Falle in Dreibeins Kopf gesehen? Hat er aus Mitleid für Dreibein die Falle geöffnet? Dreibein weiß es nicht. Der Gedanke, dass der Schamane in seinen Kopf sehen kann, macht ihn beklommen.

2

Schon früh erwacht Dreibein. Es ist dunkel und kalt. Nebel hängt über dem Land. Kull hockt am Feuer und trinkt aus einer Holzschale. Auch für Dreibein steht eine Schale bereit. Kull holt kleine, heiße Steine aus der Glut und lässt sie in die Schale fallen. Bald ist die Kräutersuppe heiß. Dampf steigt aus der Schale. Dreibein trinkt schnell mit hastigen Schlucken und verbrennt sich die Zunge. Er ist ungeduldig und neugierig. Er kann es nicht erwarten, in die Höhle zu kommen.

»Die Welt da drinnen«, sagt Kull und deutet auf den Höhleneingang, »ist groß, schön und – gefährlich. Alles, was du da drinnen tust, musst du ruhig und überlegt tun. Hast und Ungeduld können gefährlich sein. Die Höhle erlaubt Geschrei und Eile nicht. Sonst rächt sie sich. Es ist eine dunkle und stille Welt, die verlangt, dass auch der Mensch still ist. Still mit dem Mund, still im Kopf. In der dunklen Stille horcht der Mensch in sich hinein, um zu erfahren, wer er ist. ›Wer bin ich?‹, fragt sich jeder Mensch. Nur das ist wichtig. Sonst nichts.«

Der Schamane hat mit hoher und feierlicher Stimme gesprochen. Jetzt steht er auf und sagt brummend: »So ist das. Aber nun an die Arbeit.«

Knapp vor dem Eingang zur Höhle führt ein kurzer Gang seitlich in den Fels. Hier lagert Kull seine Vorräte: Geräuchertes Fleisch, getrocknete Fische und Kräuter, gedörrte Früchte, Nüsse und Beeren, Tierhäute und Felle, Steinwerkzeuge, Feuersteinknollen, Geweihspitzen, Fackeln, Lederbeutel mit Farbstaub, Gefäße aus Knochen und Stein, Muscheln und noch viele Dinge, von denen Dreibein nicht weiß, wozu sie gut sind.

Kull hängt ein Holzgestell auf Dreibeins Rücken, das mit

einem Lederriemen um die Stirne festgehalten wird. Dann legt er prall gefüllte Beutel und Taschen auf das Gestell. Obendrauf bindet er Bündel mit Fackeln, die in fettbeschmiertes Leder gewickelt sind. Die Last ist schwer, gerade noch, dass Dreibein damit gehen kann. Auch der Schamane trägt schwer.

Kull entzündet eine Fackel und geht langsam in die Höhle. Dreibein folgt ihm. Nach wenigen Schritten bleibt der Schamane stehen. Seine Fackel beleuchtet einen großen, weißen Stein, der, wie aus dem Boden gewachsen, in der Mitte des Ganges steht. Viele rote Punkte, Striche und andere Zeichen sind auf den Stein gemalt. Wie der Wächter der Höhle verbietet der Stein das Weitergehen. Gefährlich leuchten die Punkte wie rote Augen.

Der Schamane schüttet etwas roten Staub in eine Muschel, gibt Wasser dazu und rührt mit dem Finger, bis roter Brei entsteht.

»Jeder, der zum ersten Mal in die Höhle kommt, muss hier ein Zeichen hinterlassen. Die Höhle will es und so will es der Brauch. Tauch deinen Finger in die rote Farbe und setz deinen Fingerpunkt auf den Stein. Sag der Höhle, dass du da bist!«

Der Schamane hält Dreibein die Muschel mit der roten Farbe hin. Dreibein taucht die Fingerspitze ein und drückt sie am Ende einer langen Reihe von Punkten auf den Stein.

Dreibein ist stolz. Sein Punkt, sein Finger. Sogar die feinen Rillen an seiner Fingerspitze sind am Stein zu sehen. Er gehört dazu. Er gehört zu den Menschen, die schon einmal hier waren. Darauf ist Dreibein stolz.

Kull schiebt sich am Stein vorbei und geht weiter in den Berg hinein. Dreibein hinter ihm. Der Gang steigt leicht bergan. Der Weg ist gut ausgetreten und Dreibein hat wenig Mühe, mit der Krücke zu gehen.

Die Fackel wirft Licht an die Decke und an die Wände des Ganges. Die Fackel flackert. Der Fels flackert mit. Er scheint sich zu bewegen, scheint lebendig zu sein. Wo kein Licht hinfällt, ist schwarzer Schatten, schwärzer als die finsterste Nacht. Dreibein blickt zurück. Sein Schatten ist lang und schwarz und wird am Ende von schwarzer Finsternis verschluckt.

Der Höhlengang biegt und windet sich. Enge Gänge zweigen ab in die Dunkelheit. Kull bleibt auf dem breiten Weg.

Plötzlich bleibt Dreibein stehen und starrt. Der Schamane dreht sich um, sieht, was Dreibein sieht und hält die Fackel so, dass Dreibein besser sehen kann: Steine, wie Eiszapfen, dick wie Baumstämme, hängen von der Decke. Sie glänzen rötlich. Nass und schwer hängen sie da. Manchmal löst sich ein Wassertropfen von einer Spitze und fällt auf einen Stein, der aus dem Boden wächst. Kein Stein gleicht dem anderen. Die Steine haben Beulen, Bäuche, dicke Adern, verknotete Muskeln, runde Nasen, hervorquellende Augäpfel, abstehende Ohren. Und da – aus der Wand springt ein Wasserfall, zu Stein erstarrt. Unbeweglich plätschert er zu Boden. Dort sind steinerne Becken. Wie große Muscheln mit wulstigen Rändern sind sie am Boden festgewachsen. Bis zum Rand sind sie mit klarem Wasser gefüllt.

Seit Dreibein und Kull stehen geblieben sind, ist es ganz still. Laut war der Hall ihrer Schritte. Jetzt ist nur das Knistern der Fackel zu hören und manchmal klatscht ein Wassertropfen in ein Steinbecken.

Dreibein zeigt auf die sonderbaren Steine und sieht Kull fragend an. Er getraut sich nicht, die Stille zu durchbrechen.

»Das sind die Wachsenden Steine. Sie wachsen so langsam, dass wir es nicht sehen. Sie haben keine Eile. Die ganze Höhle bewegt sich, doch wir Menschen merken es nicht. Die Höhle lebt in einer anderen Zeit. Sie lebt langsam, wir leben schnell. Was für uns ein Menschenleben lang ist, ist für die Höhle nur ein Augenblick.«

Kull hat leise gesprochen. Er zeigt auf zwei Steine. Ein hängender Stein und ein stehender Stein berühren einander fast. Weniger als einen Fingerbreit sind sie voneinander entfernt.

»Wenn du einmal ein alter Mann sein wirst, Dreibein, werden die beiden miteinander verwachsen sein. Vielleicht. Aber da musst du schon sehr alt werden.«

Kull wendet sich zum Gehen. Die Wachsenden Steine bleiben in der Finsternis zurück.

Es ist warm hier im Höhlengang. Dreibein schwitzt. Auch auf Kulls kahlem Kopf stehen Schweißtropfen. Beide atmen schwer unter ihrer Last.

Der Gang wird breiter, die Decke höher. Nur mehr schwach erleuchtet das Licht der Fackel die Wände. Dann gar nicht mehr. Zu weit sind die Wände entfernt, zu hoch die Decke, dass das Licht sie erreichen könnte. Finsternis in alle Richtungen. Laut hallen ihre Schritte. Lange Zeit braucht es, bis der Hall ihrer Schritte zurückgeworfen wird. Dreibein ahnt, dass sie in einem großen Raum sind.

Auf einem kleinen Hügel im großen Raum bleibt Kull stehen. Er stellt seine Last ab und hilft Dreibein aus seinem Traggestell. Sie setzen sich hin und holen tief Luft.

Dreibein ist müde. Die Stelle unter seinem Arm, in die er die Astgabel seines Stocks klemmt, ist rot und schmerzt. Aber Dreibein ist froh, bis hierher gekommen zu sein.

Die Fackel raucht und gibt wenig Licht. Kull reibt das

schwarze, abgebrannte Ende an einem Stein ab. Jetzt lodert die Flamme wieder auf. Leise sagt der Schamane: »Das hier ist die Höhle der Bräuche. Hier versammeln sich die Menschen, um wichtige Feste zu feiern: das Fest der Großen Frau, das Fest der Gemeinsamen Jagd ...«

Dreibein öffnet den Mund um zu fragen, doch der Schamane bedeutet ihm, jetzt nicht zu sprechen. »Vielleicht wirst du bei den Festen dabei sein, dann wirst du ja sehen. Vielleicht auch nicht ... Aber komm jetzt, ich will dir etwas zeigen.«

Kull entzündet eine Fackel für Dreibein. Dann geht er in die Richtung, aus der sie gekommen sind. Sie treffen auf eine Felswand. Kull geht an der Wand entlang. Nach wenigen Schritten bleibt Dreibein mit einem Ruck stehen. Dreibein schreit. Kurz, laut, überrascht. Über ihm auf der Felswand bewegt sich ein Tier – nein, ein Ungeheuer. Ein solches Wesen hat Dreibein noch nie gesehen. Groß, mit dem Kopf eines Löwen und langen geraden Hörnern. Am aufgedunsenen Bauch glänzen viele rote und schwarze Flecken.

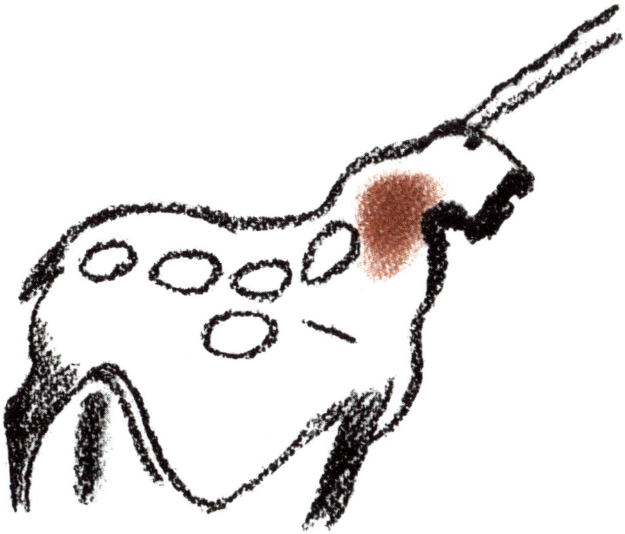

Dreibein hat Angst und würde am liebsten weglaufen. Doch das Tier beachtet ihn nicht. Es bewegt sich auf das Innere des Berges zu. – Oder? Nein, doch nicht. Dreibein war ja stehen geblieben und auch das ungeheure Tier ist noch immer an derselben Stelle.

Langsam beginnt Dreibein zu verstehen: Das Tier auf dem Fels ist gemalt. Mit roter und schwarzer Farbe. Farbe, die angerührt wird mit Wasser und Farbstaub. Farbstaub, den Dreibein aus roten und schwarzen Steinen schlägt. Steine, die Sprichtnicht dem Schamanen bringt.

Kull zieht Dreibein weiter. Dreibein blickt noch einmal zurück auf das Tier, das langsam in der Finsternis verschwindet. Da – hat es nicht doch eben den Kopf bewegt? Dreibein hat keine Zeit, darüber nachzudenken. Pferde tauchen im Licht der Fackel auf. Eine Herde galoppierender schwarzer Pferde. Eines ist größer als die anderen, rot mit schwarzem Kopf und schwarzem Hals. Sie alle laufen auf das Innere der Höhle zu. – Weiter wandert die Fackel. Wenn ein Pferd im Dunkel verschwindet, erscheint das nächste im Licht.

Immer wieder bleibt Dreibein vor Staunen stehen, vergisst zu gehen. Der Schamane zieht ihn weiter.

An der Spitze der Pferdeherde – ein Rind. Groß, stark und ruhig steht es da, den Blick ins Innere der Höhle gerichtet. Dreibein folgt dem Blick des Rindes mit der Fackel: Aus der Dunkelheit tritt ein Rind mit wuchtig geschwungenen Hörnern. Es geht dem Höhlenausgang zu. Beide Tiere starren einander an, keines will weichen. Über ihren Köpfen schwebt ein Pferd, die Beine eingesunken im Weiß einer Wolke. Weit weg und klein zieht eine Herde von Hirschen vorbei.

»Mach den Mund zu, sonst springt dir noch ein Tier hinein!« Der Schamane lacht leise. »Und jetzt komm endlich weiter!«

Dem Rind, das dem Ausgang zugeht, folgt eine ganze Herde. Ruhig und stolz gehen sie, wissend um ihre Stärke. Das letzte

Tier der Herde ist größer, als Dreibein je eines gesehen hat. Viele Schritte muss er gehen, bis er vom Kopf zum Hinterteil des Tieres kommt.

Dann ist nichts mehr. Nur ein großes, schwarzes Loch, das tiefer in den Berg hinein führt.

Kull bringt Dreibein zurück zu dem Platz, an dem sie ihre Last abgelegt haben. Lange spricht niemand. Dann Dreibein, mit belegter Stimme: »Kull, wer ... wer hat all diese Tiere hier gemacht?«

»Wer die gemacht hat? – Niemand. Die Tiere waren schon hier seit undenklich langer Zeit, als es noch keine Menschen gab, und sie werden auch hier sein, wenn Wasser die Farbe abgewaschen hat oder die Wachsenden Steine sie bedecken. Sie sind da. Der Mensch muss sie nur sehen, sie entdecken. Haben wir ein Tier im Fels gefunden, dann malen wir die Umrisse nach. Mit groben Strichen und ungeschickt. Wir Menschen können es eben nicht besser. Manchmal ruft ein Mensch stolz: ›Seht, ich habe etwas Neues erschaffen!‹ – Aufgeblähtes Froschgequake! Der Mensch erschafft nichts Neues, er findet nur, was vorher schon da war und das noch niemand gesehen hat. So ist das.«

Dreibein ist nicht zufrieden mit der Antwort. Er will wissen ...

»Aber du willst wissen, wer die Tiere gefunden und sie für die anderen sichtbar gemacht hat. Wer sie gemalt hat.«

Dreibein nickt verwirrt.

»Das waren Schamanen vor mir. Vor langer Zeit hat ein Schamane begonnen Tiere zu malen. Niemand weiß heute mehr, wer er war, wie lange es her ist. Schamanen nach ihm haben Tiere dazu gemalt, haben ältere Tiere übermalt. Viele haben daran gearbeitet, dass die Wand so aussieht, wie wir sie jetzt sehen. – Ich habe einigen alten, blassen Tieren frische Farbe gegeben. Nur das Pferd, das schwebende Pferd auf der weißen Wolke, das habe ich gefunden und gemalt.«

»Ja, das habe ich gesehen. Es schwebt über den Köpfen der beiden Rinder, die sich gegenüberstehen. – Kull, warum ...?«

»Warum ich es gemalt habe? – Das sage ich dir ein anderes Mal. Jetzt haben wir zu tun. Vorbereitungen für das Fest der Großen Frau.«

Der Schamane steht auf, legt sich seine Last auf den Rücken und zündet eine neue Fackel an.

Kull legt an verschiedenen Stellen der Halle kleine Vorratslager an. In trockene Nischen legt er Bündel mit Fackeln, in Leder verpacktes Fett, kleine harzige Zweige, Steinbecher. Feuerholz kommt auf den kleinen Hügel in der Mitte der Halle. Beutel mit rotem und schwarzem Farbstaub stellt der Schamane auf einen Felsabsatz gegenüber der Wand mit den Malereien. Dreibeins Last wird leichter. Dann ist sein Traggestell leer.

Am Ende der Halle, wo sich ein schwarzer Gang tiefer in den Berg bohrt, entdeckt Dreibein einen Abgrund. Ein rundes Loch, viele Schritte groß, führt in die Tiefe. Dreibein kauert sich am Rand nieder und leuchtet mit der Fackel in den Schacht. Steil fallen die glatten Felswände ab. Das Licht der Fackel reicht nicht auf den Boden. Finsternis deckt den Boden des Abgrunds zu. Dreibein lässt ein Steinchen hinunterfallen. Lange dauert es, bis es mit hellem Klang unten auffällt. Über Dreibeins Rücken läuft eine kalte Welle. Tief, sehr tief geht es da hinunter.

»Weg da!«, zischt es drohend hinter ihm. Erschrocken dreht sich Dreibein um. Da steht Kull, hoch aufgerichtet und zornig. Seine schwarzen Lippen – ein dünner Strich, die Augen – schmale Schlitze. Mit scharfer, strenger Stimme sagt Kull: Das ist Noo, der verbotene Schlund. Noo will nicht gestört werden. Noo mag es nicht, wenn jemand versucht ihn zu betreten, Noo will nicht, dass man ihn anblickt und Noo kann böse werden, wenn Dinge in ihn geworfen werden. Noo will Finsternis und Ruhe. Über den verbotenen Schlund darf nicht einmal gesprochen werden. – Das hast du nicht gewusst. Jetzt weißt du es.«

Der Schamane dreht sich um und geht. Sein Umhang flüstert. Sein kahler Schädel glänzt im Licht der Fackel.

So zornig hat Dreibein den Schamanen noch nie gesehen. Dreibein fürchtet sich. Er fürchtet den Zorn des Schamanen, noch mehr fürchtet er, Noo gestört zu haben, fürchtet den Zorn des verbotenen Schlundes.

Mit leeren Tragkörben machen sich Kull und Dreibein auf den Weg zum Ausgang der Höhle. Kull ist nicht mehr zornig. Er ist zufrieden mit der Arbeit, die getan wurde. Die Vorbereitungen zum Fest der Großen Frau sind beendet. Im Gehen sagt Kull: »Das schwebende Pferd auf der weißen Wolke: Du willst wissen, warum ich es gemalt habe. – Weil ich es im Fels gesehen habe. Kull hat nicht zu Kull gesagt: ›Jetzt male ich ein Pferd auf weißer Wolke, weil ...‹ – Nein. Ich habe es gesehen. Ich habe es gemalt. Jetzt ist es da, für alle sichtbar. Nicht für alle ist es ein Pferd auf weißer Wolke. Für manche ist es ein schwimmendes Pferd. Für andere ein Pferd im tiefen Schnee.«

»Für mich ist es auch das Pferd auf der Wolke«, sagt Dreibein.

Kull bleibt stehen, dreht sich um, sieht Dreibein an. Er nickt. »Ich weiß. Wir haben ähnliche Gedanken.« Kull geht weiter, spricht weiter. »Erst als das Bild fertig war, habe ich mich gefragt: Warum? Warum gerade ein Pferd? Warum ein Pferd auf einer Wolke? Warum gerade hier an dieser Stelle?

Ich habe viele Fackeln entzündet, sie in Felsspalten gesteckt und somit die ganze Wand ausgeleuchtet. Vom Hügel in der Mitte der Halle war jedes Bild zu sehen: Vom Ungeheuer mit den geraden Hörnern bis zum übergroßen Rind. So siehst du Kull sitzen, am Hügel, die Bilder vor sich. Kull schaut und denkt. Er sieht zwei Herden von Tieren. Die eine Herde will hinein, tiefer in die Höhle. Die andere will hinaus, dem Höhlenausgang zu. Die Anführer beider Herden stehen sich gegenüber, mit harten Köpfen und spitzen Hörnern. Sie stehen einander im Weg und jeder will seinen Weg gehen. Keiner gibt nach. Kommt es zum Kampf? Kampf ist kein guter Weg: Harte Schädel prallen aufeinander, Knochen splittern, Hörner schlagen tiefe Wunden ins weiche Fleisch, Blut rinnt, Hufe zertrampeln gestürzte Tiere. Brüllen. Stöhnen. Tod. Kein guter Weg.

Die Hirsche, klein und weit entfernt, zeigen einen anderen Weg: Geh zur Seite, weich aus, meide den Kampf.

Das schwebende Pferd auf der Wolke weist einen noch anderen Weg. Den leichten, schwebenden Weg, der anmutig ist wie der Lauf des Pferdes: miteinander reden, gemeinsam einen Weg für beide suchen, zusammen den verschlungenen Knoten lösen, den blutigen Kampf vermeiden. Ein guter Weg. – Ein guter Weg auch für Menschenherden, wenn sie zornig aufeinander treffen, den Speer schon gezückt. – Gut auch für einzelne Menschen, die sich gegenüberstehen, die Stirnadern geschwollen, rot im Gesicht, schnaubend vor Wut. Ein leichter, schwebender Weg. Besser, als sich die Schädel einzuschlagen.«

Der Schamane hat laut gesprochen und ist außer Atem

gekommen. Er holt tief Luft und sagt dann ruhig: »Andere sehen das Bild anders. Ich sehe es so. Und manche sehen gar nichts. Doch die sind dumm – wie Nashörner.«

Dreibein ist nicht sicher, ob er Kull verstanden hat. Aber das Bild des schwebenden Pferdes auf der weißen Wolke gefällt ihm.

Sie gehen am steinernen Wächter mit den roten Punkten vorbei. Dann stehen sie im Licht des Tages. Ah, wie hell und ruhig es ist – kein rotes Geflacker mit hüpfenden, schwarzen Schatten wie das Fackellicht im Berg.

Beim Feuer unter dem Felsdach hockt ein Mädchen und brät Fische. Eine Krähe mit weißem Kopf sitzt auf ihrer Schulter.

3

Die Krähe krächzt. Das Mädchen blickt auf und sieht Kull und Dreibein.

»Kull!«, ruft das Mädchen laut und springt auf und läuft dem Schamanen entgegen. Die Krähe flattert erschrocken hoch.

»Ach, Kull! Ich bin ja so froh, dich wieder zu sehen. Es war ja sooo langweilig ohne dich.« Das Mädchen streichelt den Mantel des Schamanen und zieht ihn an der Hand zum Feuer.

»Kri«, sagt Kull streng, »auch ich freue mich, dass du wieder da bist. Aber schmeichle mir nicht, indem du sagst, du hättest dich gelangweilt. Du hast dich noch nie gelangweilt.«

Kulls Lippen lächeln. Er setzt sich beim Feuer nieder und fragt: »Deine Menschenherde ist also schon zurück?«

»Aber nein. Die kommen erst morgen, vielleicht. Kull, du weißt doch, die gehen ja sooo langsam. Langsamer als müde Mammuts. Da habe ich es nicht ausgehalten und bin vorausgelaufen. So, und jetzt bin ich da.«

Kri lacht und hockt sich eng neben Kull ans Feuer. Die Krähe setzt sich wieder auf die Schulter des Mädchens.

Dreibein ist beim Höhlenausgang stehen geblieben. Er hört zu, was Kull und das Mädchen sprechen. Er beobachtet das Mädchen: Es ist so alt wie er, sehr schlank und es trägt die Haare kurz. Dreibein bewundert, wie flink das Mädchen ist. Flink mit den Beinen, den Armen, dem ganzen Körper. Nicht hastig und fahrig. Es bewegt sich sicher und anmutig. Dreibein möchte sich auch so bewegen können. Doch mit seinen drei Beinen ...

Kri deutet auf Dreibein. »Wer ist denn das?«

Der Schamane winkt Dreibein zum Feuer. »Das ist Dreibein, mein neuer Helfer.«

Dreibein schämt sich seiner mühseligen und langsamen Schritte, schämt sich der umständlichen Weise, mit der er sich hinsetzt, schämt sich seines Fußes, der kein Fuß mehr ist.

Kri starrt auf Dreibeins Fuß. »Was ist denn damit geschehen?«

Dreibein sagt nichts. Er hebt die Schultern und lässt sie wieder fallen.

Eine zornige Falte bildet sich auf der Stirne des Mädchens. »Ach, du willst es mir nicht sagen? Du willst nicht mit mir sprechen? – Schön. Gut. – Vielleicht bist du in deinem Kopf genauso verkrüppelt wie an deinem Bein.«

Das Mädchen dreht sich von ihm weg und wendet die Fische auf der heißen Steinplatte.

Auch Dreibein ist zornig. Er stemmt sich an seinem Stock hoch, humpelt zum Rand des Felsdaches und setzt sich mit dem Rücken zu Kull und Kri. Er starrt in den Nebel.

Dreibein hört, was der Schamane zum Mädchen sagt: »Es ist gut, schnelle Beine zu haben. Es ist gut, schnelle Gedanken zu haben. Es ist nicht gut, eine zu schnelle Zunge zu haben ...«

»Aber ich habe doch nur ...«, ruft Kri, doch der Schamane unterbricht sie. Er erzählt ihr, wie er Dreibein gefunden und gepflegt hat, dass Dreibein die Bilder seiner Vergangenheit verloren hat und dass Dreibein ein guter Helfer ist.

Es tut Dreibein wohl, das zu hören. – Kurz darauf legt sich eine Hand sanft auf seine Schulter. Kri sagt: »Ich wollte dir nicht wehtun. Es tut mir Leid. Ich habe das alles nicht gewusst. Komm jetzt mit zum Feuer, die Fische sind fertig.«

Dreibein rührt sich nicht. Er starrt weiter in den Nebel. Die Krähe mit dem weißen Kopf hopst auf seine Schulter und knabbert an seinem Ohr. Jetzt muss Dreibein lachen. Jetzt kommt er mit zum Feuer.

Der gebratene Fisch riecht gut. Kull will schon zugreifen, da ruft Kri: »Halt, warte noch. Ich habe dir ein Geschenk mitgebracht.«

Sie gibt Kull einen kleinen Lederbeutel. Kull öffnet ihn und lächelt so breit, dass seine schwarzen Zähne zu sehen sind. Er greift in den Beutel und lässt feinen, weißen Staub durch seine Finger rinnen.

Dreibein fragt: »Weißer Farbstaub zum Malen?«

Kri lacht. Sie lacht laut und hell. Sie lässt sich auf den Rücken fallen und lacht weiter. Sie rollt am Boden und lacht und lacht und lacht. Sie schnappt nach Luft und lacht weiter. Dann setzt sie sich auf und wischt sich die Tränen aus dem Gesicht. Sie sagt: »Nein, das ist Salz. Nicht zum Malen. Zum Essen. Sieh her!«

Kri streut etwas Salz über die Fische und schiebt einen davon Dreibein hin.

»Jetzt iss! Es wird dir schmecken. Salz macht guten Fisch besser. Salz ist zu wertvoll, um damit zu malen.«

Dreibein kostet vorsichtig. Salz brennt auf der Zunge. Ein wenig nur, brennt angenehm. Der Fisch schmeckt gut mit dem weißen Staub. Salz zum Malen! Über diesen Gedanken kann auch Dreibein jetzt lächeln.

Während des Essens sagt Kri zu Dreibein: »Hat dir Kull schon unsere Höhle gezeigt, in der wir die kalte, weiße Zeit verbringen? Und hat er dich schon der Großen Frau vorgestellt?«

Dreibein schüttelt den Kopf.

Kri blickt den Schamanen an. Vorwurf ist in ihrer Stimme. »Aber Kull! Wie kannst du Dreibein sooo im Unwissen lassen. Wie soll er denn mit unserer Herde leben, wenn du ihm nichts erklärst und zeigst und ihm nichts über unsere Bräuche sagst? Wirklich, Kull!«

Kull kaut, schluckt runter, dann sagt er: »Zunächst: Dreibein wird nicht mit eurer Herde leben. Er lebt bei mir. Und ich gehöre nicht zu eurer Herde. Dann: Alles zu seiner Zeit. Du weißt, welchen Schaden die schnelle Zunge anrichten kann. Und außerdem: Mit dem Mund voll Fisch spricht man nicht, o flinke Kri!« – Kull droht mit dem Finger, lächelt aber.

Kri beugt sich nach vor, legt Handflächen und Stirne auf die Erde. Spöttische Ehrfurcht ist in ihrer Stimme. »Erhabener! Ich danke dir, dass du mich so mit deiner überragenden Weisheit beglückst. Groß bist du, o Schamane!«

Kri schaut zu Kull auf und lacht. Auch Kull muss lachen. Er holt mit der Hand aus, um Kri einen leichten Klaps zu geben. – Der Schlag geht ins Leere. Kri ist schneller gewesen.

Kull seufzt. Zu Dreibein sagt er: »Ich werde alt und langsam. Kein Wunder, dass Kris Benehmen so schlecht ist: Zu schnell weicht sie meinen Schlägen aus.«

»Aber Kull«, sagt Kri »sooo alt und sooo langsam bist du auch nicht. Ich werde einfach immer schneller.« Sie setzt sich wieder nah neben den Schamanen und streichelt seinen Mantel.

Nur kurze Zeit bleibt Kri ruhig. Zu Dreibein sagt sie: »Du darfst Kull nicht böse sein. Er spricht nicht gerne. Er spricht nur über unwichtige Sachen, wie Bilder am Fels oder die Welt im Inneren des Berges und anderes unverständliches Zeug. Ich werde dir jetzt die wichtigen Dinge erklären:

Ich gehöre zur Herde der Sim-clan, der Herde der Pferdemenschen. Während der kalten, weißen Zeit leben wir in der großen Höhle, nicht weit von hier, den Bach bergab. Wenn die Zeit der grünen Knospen kommt, ziehen wir den Großen Fluss hinauf. Nur wenige bleiben in der Höhle zurück: die Alten, einige Kinder mit ihren Müttern und natürlich Maramuum, die Große Frau. Sie würde die lange Reise nicht überleben. Auch einige Jäger bleiben. Sie müssen die Zurückgebliebenen mit Fleisch versorgen. Die meisten aber ziehen den Fluss hinauf in die Berge, in denen es genug zu jagen gibt. Dort stellen wir unsere Fellzelte auf. Und dort bleiben wir während der warmen Zeit der bunten Blumen bis zur Zeit der fallenden, gelben Blätter.

Dann kommen wir zurück zur Höhle. Auch andere Herden,

wie die Tui-clan, die Rindermenschen, kommen für kurze Zeit hierher. Hier erwarten wir die großen Herden der Rentiere, die nach der Sonne ziehen. Wir machen gemeinsam Jagd auf sie, um genug Fleisch für die kalte, weiße Zeit zu haben.

Die verschiedenen Menschenherden kommen noch aus einem anderen Grund hierher. Du musst wissen, dass Kull der Schamane und seine Höhle der Bilder weithin berühmt sind. Gemeinsam mit den anderen Herden feiern wir in seiner Höhle das Fest ...«

Kri spricht nicht weiter. Sie dreht sich schnell zum Schamanen und fragt:

»Kull, darf ich diesmal beim Fest der Großen Frau den Brauch der Hände mitmachen?«

Der Schamane antwortet nicht. Er schaut in die Glut des Feuers, in Gedanken versunken.

»Kull!«, ruft Kri.

Der Schamane fährt hoch. »Wie? Was ist denn ...?«

»Ob ich beim Brauch der Hände diesmal mitmachen darf. Du hast es mir versprochen. Erinnerst du dich?«

»Brauch der Hände ...? – Ach ja. Aber du weißt, dass ich nicht allein entscheiden kann. Die Große Frau und der Erste der Herde haben da auch mitzureden.«

»Natürlich weiß ich das. Aber den Ersten der Herde kann ich wie weiches Gras um meinen kleinen Finger wickeln und Maramuum, die Große Frau, ist meine Mutter. Sie kann doch mir, ihrer Tochter, das nicht abschlagen. – Ach, ich freue mich ja schon sooo ...!«

»Sei dir nicht so sicher. Maramuum macht bei solchen Dingen keinen Unterschied, ob Tochter oder nicht. Da kann sie sehr streng sein.«

Kri verzieht das Gesicht und nickt. Beide schweigen. Die Krähe stochert in den Resten der Fischmahlzeit herum. Draußen vor dem Felsdach wird es dunkel.

Kri springt plötzlich auf. »Ich muss doch noch zur Höhle hinunter. Meine Mutter begrüßen. Und die anderen. Bevor es ganz dunkel wird.«

Kri läuft los und Kri läuft schnell. Sie läuft in langen, kräftigen Sprüngen, landet weich, setzt an zum Sprung und ist schon wieder in der Luft. Landet, springt, schwebt in der Luft, landet, springt ... Wie ein Wiesel auf der Jagd hüpft sie auf den Steinen entlang des Baches hinunter. Sie ruft noch etwas zurück, doch Kri ist schon zu weit weg, um gehört zu werden. Nur die Krähe mit dem weißen Kopf ist schneller. Sie fliegt voran. Bald verschwinden beide im Nebel.

»Wie sie rennen kann!«, sagt Dreibein voll Bewunderung.

Kull reibt sich den kahlen Kopf. »Ja, aber ich weiß nicht, ob sie gehen kann. Ich habe sie noch nie beim Gehen gesehen.«

Dreibein liegt auf seinen Fellen. Nach der Arbeit in der Höhle tut es gut, sich auszustrecken. Kull hockt noch an der Feuerstelle und stochert in der Glut. Es ist dunkel, nur Kulls hageres Gesicht wird von den Resten des Feuers beschienen.

»Kull?«, fragt Dreibein leise.

»Ja? – Ich weiß, ich weiß. Du möchtest mehr über Kri wissen. Frag!«

Dreibein stockt der Atem. Woher weiß der Schamane das? – Dreibein weiß nicht recht, wie er fragen soll. »Ja, über Kri ... dürfen alle Menschen der Sim-clan so ... so ... ohne Achtung mit dir sprechen? Ich meine ...«

Der Schamane lacht. »Ich weiß schon, was du meinst. Du meinst, so wie Kri spricht man nicht mit einem Schamanen. Nein – zum Glück tun das die anderen nicht. Kri ist die Ausnahme. Ich mag ihre Späße. Sie bringt mich zum Lachen. Immer ernst und weise zu sein ist nicht gut. Hin und wieder tut es wohl, den schweren Umhang der Würde abzulegen und lustig zu sein, zu lachen. Für Kri bin ich nicht der große Schamane, der den Menschenherden den Weg weist. Für Kri bin ich ganz einfach Kull, der auch etwas Spaß am Leben haben möchte. Deshalb mag ich Kri.«

»Kri mag dich auch.«

»Ja ... es scheint so. Ich verstehe zwar nicht, was sie an einem knochendürren, kahlköpfigen, alten Schamanen wie mir mögen soll, aber bei den Frauen gibt es oft recht eigenartige Gedanken. Kris Mutter, Maramuum, ist in vielen Dingen eine sehr kluge Frau. Aber sie bildet sich ein, dass ich die ... die ... Mannmutter von Kri sei. Mannmutter! Ein schrecklicher Name! Er muss aus der Nashornsprache kommen, so dumm ist er. Mannmutter ...«

Kull dreht die Augen nach oben und ringt die Hände. Dann schüttelt er den Kopf und spricht weiter. »Manche Frauen, vor allem aber die Große Frau, glauben, dass wir Männer damit zu tun haben, dass Frauen Kinder kriegen. Den Mann, von dem eine Frau glaubt, dass er die Ursache sei, dass sie ein Kind gebärt, den nennt sie die Mannmutter ihres Kindes. – Nashörniges Weibergeschwätz!«

Kull legt beide Hände an die Stirn und schüttelt den Kopf. Dann breitet er die Arme aus und sagt: »Schnee fällt aus den Wolken, der Bach springt aus dem Berg, an Sträuchern wachsen Beeren und Frauen bekommen Kinder. So ist das. Was sollen wir Männer damit zu schaffen haben?«

Kull wirft einige Äste in die Glut. Sein Kopf leuchtet rot auf, seine Augen liegen im Dunklen.

»Vor langer Zeit habe ich mit Maramuum, der Großen Frau, für eine Weile zusammengelebt. O ja, es war eine schöne Zeit und wir haben oft unter warmen Fellen gekuschelt und ... na, du weißt schon. Aber was soll das, o weiß schimmernder Mammutzahn, mit Kri zu tun haben? – Die Große Frau sagt, es hat zu tun, und so glaubt Kri, dass ich ihre – schon wieder dieser Name – dass ich ihre Mannmutter wäre. – Daher fehlt ihr vielleicht der ... äh ... achtungsvolle Abstand zu mir.«

Kull steht auf, streckt sich und geht auf und ab.

»Und selbst wenn an diesem Nashornunsinn etwas wahr wäre, denk nur, wohin das führen müsste: Es wäre das Ende des menschlichen Herdenlebens. – Es ist schon schlimm genug, dass Frauen ihre eigenen Kinder bevorzugen. Um die Kinder, die keine Mütter mehr haben, kümmern sie sich wenig. Und es gibt auch Männer, die der Frau, mit der sie zusammen sind, den besseren und größeren Teil der Jagdbeute geben. Frauen, die ohne Mann leben, bekommen den Abfall. So ist es jetzt und so ist es schlecht.

Und wenn es erst jene ... jene ... Mannmütter gäbe, die nur für ihre eigenen Kinder sorgten, nur die Ihren beschützten, dann gäbe es kein Zusammenleben in der Herde mehr. Dann ...«

Kull hört Dreibein leise schnarchen. Der Schamane hört auf zu reden, brummt noch etwas vor sich hin, dann legt er sich auf sein Lager.

Bald schnarcht auch er.

Irgendwann in der Nacht schreckt Dreibein hoch. Die Feuerstelle glüht nur mehr schwach. Der Schamane schläft auf seinem Lager. Alles ist still. Dreibein weiß nicht, warum er aufgewacht ist. Er dreht sich auf seinem Lager um, will weiterschlafen.

Da hört Dreibein Schritte. Leise Schritte kommen aus der Höhle, gehen auf den Höhlenausgang zu. Jetzt stehen sie still. Dreibein starrt ins Dunkel. Zu dunkel um etwas zu sehen.

Plötzlich huscht ein Schatten an seinem Lager vorbei. Der Schatten springt über die Feuerstelle und nur für einen Augenblick kann Dreibein die schwachen Umrisse sehen. Zu kurz ist die Zeit, um zu erkennen, was es war. Der Schatten ist verschwunden. Es ist wieder still.

Dreibein will den Schamanen nicht wecken. Dreibein versucht weiterzuschlafen. Er schläft schlecht den Rest der Nacht.

4

Dreibein zerschlägt schwarze Steine zu schwarzem Staub. Seine Hände sind schwarz. Sein Gesicht, sein Hals sind schwarz, denn oft schlägt Dreibein mit schwarzer Hand zu, um lästige Fliegen zu erschlagen.

Dreibein denkt an die vergangene Nacht. An den Schatten, der aus der Höhle gehuscht ist. Es muss ein Traum gewesen sein. Dreibein träumt oft. Von rotem Staub, in dem sich Bilder formen. Wenn Dreibein erwacht, kann er sich nicht mehr an die Bilder erinnern. Nur roter Staub bleibt in seinem Kopf zurück. Von schwarzen Schatten hat Dreibein noch nie geträumt.

Dreibein blickt vom schwarzen Staub auf und schaut ins Land. Nur dünner Nebel hängt noch in den Tälern. Hier vor der Höhle scheint schon die Sonne, bald frisst die Sonne die Reste des Nebels.

Sprichtnicht kommt den Bach herauf. Er trägt schwer an einem Korb. Er stellt ihn vor Kull ab. Im Korb sind große, braune Pilze.

Sprichtnicht spricht zu Kull mit den Händen. Schnell macht Sprichtnicht die Zeichen:

Hohle Hand – Finger zeigt den Bach hinunter – Hand zeichnet Welle in die Luft – Finger zeigt zum Boden – Faust, Daumen ausgestreckt – offene Hand, Finger weggespreizt – Spitzen von Zeigefinger und Daumen berühren sich beinahe.

Kull nickt. Kull hat verstanden. Sprichtnicht trägt die Pilze zu den Vorräten.

Neugierig blickt Dreibein auf Kull. Kull sagt: »Du musst lernen Sprichtnichts Sprache mit den Augen zu hören. Es ist nicht schwer. Sieh her!«

Während Kull spricht, macht er die Zeichen Sprichtnichts nach.

»Bei der Höhle weiter unten am Bach sind die Pferdemenschen angekommen. Sie sind auf dem Weg hierher: der Erste der Herde und fünf Begleiter. Bald sind sie da.«

Dreibein freut sich. Er kann die Handzeichen verstehen. Nur die Welle in der Luft – die versteht Dreibein nicht. Er macht die Bewegung nach. – Ah, Kopf, Hals und Rücken des Pferdes. – Pferdemenschen.

Da sieht sie Dreibein auch schon den Bach heraufkommen. Voran der Erste der Sim-clan. Groß und wuchtig der Körper. Die langen Haare sind zurückgebunden und hängen wie ein Pferdeschweif über den Rücken. Eine rote Narbe läuft schräg über sein Gesicht. Das weiße Rentierfell als Umhang, die Kette mit den großen Zähnen um den Hals zeigen, dass er der Erste ist.

Fünf Männer folgen ihm. Sie tragen Speere, zwei Manneslängen lang. Einer trägt ein Bündel Felle. Beim Felsdach bleiben sie stehen. Der Erste geht auf Kull zu und senkt den Kopf. Er spricht mit einer Stimme, die klingt, wie wenn Dreibein schwarze Steine zerschlägt.

»Gruß, Schamane. Die Sim-clan sind von den Bergen zurück. Unsere Jagd war schlecht. Hier – dein Anteil der Beute.«

Er übergibt Kull das Bündel mit Fellen. Kull gibt die Felle an Dreibein weiter. Dreibein sieht, dass die Felle schlecht sind. Sie sind steif und haben nackte Stellen, an denen die Fellhaare ausgefallen sind. Auch Kull sieht es, aber sein Gesicht bleibt unbewegt wie Stein.

»Gruß auch dir, Tl-Tl, Erster der Sim-clan. Es schmerzt mich, zu hören, dass eure Jagd schlecht war. Ich sehe es an den Fellen.«

Mit der Hand lädt er die Männer ein sich zu setzen. Dreibein trägt die Felle zu den Vorräten.

»Wer ist denn das da?«, fragt Tl-Tl mit einer kurzen Bewegung des Kopfes in Richtung Dreibein. »Das da« ist es die Mühe nicht wert, den Arm zu heben.

»Dreibein, mein Helfer. Ich habe ihn weit weg von hier am Großen Fluss gefunden.«

»Er taugt nichts mit seinem Krüppelbein«, sagt der Erste. »Jag ihn weg!«

»Oder überlass ihn Sprichtnicht als Köder für seine Fallen«, ruft ein Mann mit rotem, struppigem Bart.

Die Männer lachen. Der Rotbärtige lacht am lautesten und reißt den Mund weit auf. Ihm fehlen die vorderen Zähne.

Kull lacht nicht. Er sagt ernst: »Dreibein gehört zu mir. Nicht zu den Sim-clan. Daher ist es meine Sache, ob er bleibt oder nicht. Jeder Mensch kann etwas, das zum Nutzen für alle ist.«

»Natürlich ist es deine Sache, Schamane«, sagt Tl-Tl. »Es war nur ein guter Rat von mir. Er frisst sich voll und mit dem Helfen wird nicht viel werden. Wir, die Sim-clan, dulden in unserer Herde keine Krüppel.«

Dreibein geht hinter den Männern vorbei zum Platz, wo er Steine zerschlägt.

So, als sei es ohne Absicht, schiebt der Rotbart seinen Speer zwischen Dreibeins Beine. Dreibein fällt und schlägt hart am Boden auf.

Die Männer lachen. Der Rotbart ruft: »Schamane, gib ihm noch ein viertes Bein, drei sind nicht genug!«

Dreibein steht schnell auf und hinkt aus der Reichweite der Männer.

Kull wendet sich dem Rotbart zu. Kull spricht mit honigsüßer Stimme. Doch Dreibein hört, dass Gift im Honig versteckt ist.

»Feuerhaar, du bist Jäger und du weißt, dass es in jeder Tierherde ein Tier gibt, das abseits stehen muss. Es ist schwächlich und zerzaust, weil es von den anderen gebissen, gekratzt und weggestoßen wird. Es darf nur das fressen, was die anderen übrig lassen.«

Kull blickt in die Runde. Die Männer nicken. Kull spricht weiter. »Es sind jedoch nicht die großen, starken Tiere, die Ersten der Herde, die das letzte wegstoßen. Nein, die sind zu stolz, um das letzte überhaupt zu beachten. Es wäre unter ihrer Würde.«

Wieder nicken die Männer.

»Es ist vielmehr das vorletzte Tier der Herde, das dem letzten das Leben schwer macht. Es will damit sagen: Ich bin zwar schwächlich, dumm, hässlich und tauge nicht viel, aber es gibt noch ein Tier, das unter mir steht. Ich bin nicht der letzte Dreck, nur der vorletzte ...«

Die Männer schweigen. Dann beginnt Tl-Tl zu grinsen. Schadenfroh grinst er Feuerhaar an. Jetzt begreifen auch die anderen Männer. Laut lachen sie über Feuerhaar.

Feuerhaar hat noch nicht begriffen. Mit großen Augen schaut er den Schamanen und die Männer an. – Langsam begreift er. Langsam färbt sich sein Gesicht rot. Rot wie sein Bart.

Dann schreit er: »Schamane, willst du damit sagen, dass ich schwächlich, dumm, hässlich und der vorletzte Dreck bin?«

Feuerhaar greift nach seinem Speer und will aufspringen. Doch die Stimme des Ersten hält ihn auf seinem Platz. Die Stimme von Tl-Tl klingt nicht mehr wie das Zerschlagen von Steinen, es klingt, als ob eine Felswand den Berg hinunterstürzt. Die Narbe in seinem Gesicht zuckt wie eine rote Schlange.

»Feuerhaar! Bleib sitzen! Die vorderen Zähne fehlen dir ja schon ...«

Tl-Tl braucht nicht weiter zu sprechen. Feuerhaar hat sehr schnell begriffen. Er bleibt sitzen und senkt den Kopf. Tl-Tl spielt mit den Zähnen an seiner Kette.

Kull lächelt honigsüß. Das Gift im Honig hat gewirkt.

Kull lächelt nicht mehr, sein Gesicht ist ernst.

»Nun zu den wichtigen Dingen. Tl-Tl, du möchtest Wichtiges sagen. Sprich!«

»Ja. – Du weißt, Schamane, unsere Jagd in den Bergen war schlecht. Die letzte gemeinsame Jagd war schlecht. Gerade noch, dass wir mit viel Hunger durch die kalte, weiße Zeit gekommen sind. Und die Jagd davor war auch nicht besser.«

Tl-Tl beugt sich zum Schamanen hin und flüstert: »Es ist die Halle der Bräuche drinnen im Berg. – Etwas stimmt nicht mit ihr und ihren Bildern. Die Bilder haben keine Kraft, keinen Zauber mehr. Die Geister in den Bildern wollen uns nicht mehr helfen. – Schamane, denk doch an frühere Zeiten. Eine ganze Steinbockherde haben wir zur steilen Felswand getrieben. So viele Tiere sind in die Tiefe gestürzt, dass wir nur einen kleinen Teil des Fleisches essen konnten. Die Beute hätte uns drei kalte, weiße Zeiten hindurch zu essen gegeben. Aber jetzt? – Nur mehr kleine Herden und kein Glück bei der Jagd. – Die Halle der Bräuche ist nicht mehr das, was sie einmal war.«

»Vielleicht«, sagt Kull, »sind die Speere der Sim-clan auch nicht mehr das, was sie einmal waren.«

Die rote Schlange im Gesicht des Ersten zuckt. »Das ist Mammutscheiße, Schamane. Das weißt du. Wir brauchen eine neue Halle und neue Bilder. Neue Kraft, neuer Zauber, neue Geister. Und du weißt das. Denn du bist der Schamane.«

Kull nickt. »Ich weiß. Aber auch du weißt, wie viele Schamanen vor mir in der Halle der Bräuche gearbeitet haben, dass die Halle das ist, was sie jetzt ist. Das braucht Zeit. Und Arbeit. Bilder malen sich nicht von selbst.«

Tl-Tl will sprechen, doch der Schamane hebt die Hand. »Erster der Pferdemenschen, ich habe eine gute Nachricht für dich: Ich habe eine neue Halle der Bräuche gefunden. Tief drinnen, versteckt im Berg. Schwer ist es, dorthin zu kommen, doch das gibt dem geheimnisvollen Ort um so mehr Kraft und Zauber. Die Bilder fehlen noch. Du weißt, es braucht viel Zeit, die Bilder zu finden. Es braucht Zeit, die Bilder zu malen.

Das Fest der Großen Frau werden wir noch in der alten Halle feiern. Das Fest der Gemeinsamen Jagd vielleicht schon in der neuen. Vielleicht ...«

Die Männer nicken zufrieden. Der Erste sagt: »Nicht vielleicht – bestimmt!«

»Vielleicht!«, sagt Kull.

Tl-Tl schweigt. Die rote Schlange in seinem Gesicht zuckt kurz. Tl-Tl steht auf und beugt den Kopf. »Gruß, Schamane.«

»Gruß, Erster der Sim-clan.«

Der Erste und seine Männer gehen.

Keiner der Männer blickt Dreibein an. Dreibein gibt es für sie nicht. Nur Feuerhaar wirft einen kurzen, spitzen Blick auf Dreibein. Dreibein weiß, Feuerhaar würde lieber einen langen, spitzen Speer werfen.

Dreibein hockt neben Kull in der Sonne. Vor Kull liegt das Schulterblatt eines Rentiers. Mit einer scharfen Steinklinge schneidet Kull eine runde Scheibe aus dem Knochen.

»Kull«, sagt Dreibein, »ich kann den Namen des Ersten der Simclan nicht sprechen. Er klingt wie der Huf des Pferdes auf hartem Fels. Wie machst du das?«

Kull bricht die Scheibe aus dem Schulterblatt und glättet die Bruchstellen an einem rauen Stein. Knapp am Rand der Scheibe ritzt Kull einen Kreis. Dann zieht er Striche vom Kreis zum Rand der Scheibe. Zu Dreibein sagt er: »Du spannst die Spitze deiner Zunge auf den Gaumen wie einen biegsamen Zweig. Dann lässt du los. Die Zunge schnellt nach unten und macht tl. So: tl, tl, tl, tl ...«

Dreibein schaut in Kulls schwarzen Mund, beobachtet Kulls schwarze Zunge. Dann versucht es Dreibein selbst. Die ersten Male will es nicht gelingen. Doch bald kann Dreibein »Tl-Tl« sagen. Er sagt es oft und sieht Kull bei der Arbeit zu.

Kull zeichnet mit einem spitzen Stein einen Wisent in die knöcherne Scheibe. Stark und wuchtig steht das Tier da. Man glaubt ihm seine Kraft, seine Gefährlichkeit. – Dann bohrt Kull ein Loch in die Mitte der Scheibe. Er zieht einen Lederriemen durch das Loch und verknotet die Enden des Riemens.

»Kull«, sagt Dreibein, »Tl-Tl, Tl-Tl. Der Mann mit der lauten Stimme hat einen leisen Namen. Man kann ihn nicht rufen. Tl-Tl – lauter geht es nicht.«

»Ist auch nicht nötig«, sagt Kull. »Tl-Tl brauchst du nicht zu rufen. Er ruft nach dir.«

Der Schamane hängt sich die Scheibe mit dem Wisent um den Hals und verschwindet unter dem Felsdach.

Erst als es zu dunkeln beginnt, kommt Kull aus der Höhle zurück. So hat Dreibein den Schamanen noch nie gesehen. Kulls Gesicht ist starr. Kopf und Oberkörper hält er nach vorne gebeugt. Mit kleinen, steifen Schritten geht er zum Feuer und setzt sich. Kull schließt die Augen. Dreibein sieht, wie Kull versucht die Starre in seinem Körper zu lösen. Die Ellbogen presst er fest an seinen Oberkörper, seine Hände zittern.

Sprichtnicht bringt Kull Wasser. Kull kann den Holzbecher nur mit Mühe halten. Die zitternde Hand verschüttet viel Wasser. – Nur langsam löst sich die Steifheit in Kulls Körper. Die Hände hören auf zu zittern.

»Es geht schon wieder«, sagt Kull leise. Seine Augen sehen todmüde aus.

Sprichtnicht hat Pilze mit Fett bestrichen und Kräuter darüber gelegt. Jetzt braten sie auf der heißen Steinplatte. Sparsam streut Kull Salz über die Pilze. Kull isst nur wenig. Sprichtnicht und Dreibein können nicht genug bekommen. Satt lehnt sich Dreibein zurück.

Lange Zeit spricht niemand. Dann fragt Dreibein: »Kull, darf ich dir beim Malen in der neuen Halle helfen?«

Kull schweigt. Dann nickt er. Müde sagt er: »Ja, ich werde deine Hilfe brauchen. Viel Arbeit kommt auf uns zu. Ich bin müde und ich habe Angst. Angst, mit dem Werk zu beginnen, Angst, nicht die Kraft zu haben, es zu einem guten Ende zu bringen.«

Kull schließt die Augen und spricht weiter, die Augen geschlossen.

»Ich habe keine Angst vor dem Urteil der Sim-clan oder der Tui-clan. Viele Menschen wissen nicht ein gutes von einem schlechten Bild zu unterscheiden. Das Urteil der Menschen kümmert mich nicht. Allein mein Urteil zählt. –

Wenn ich vor einem fertigen Bild zurücktrete, muss ich sagen können: Ja, das Tier ist echt. Es lebt im Fels und ich habe es sichtbar gemacht. Es ist ein gutes Bild. Ich bin stolz darauf. – Ich habe Angst vor mir. Vor meinem Urteil. Vor meiner Strenge.

Ich habe viele Bilder in vielen Höhlen gesehen. Ich weiß, es gibt echte und falsche Bilder. Selbst hier in dieser Höhle gibt es einige Bilder von Pferden, die sind mit Vorlagen gemalt: Ein längst vergessener Schamane hat ein Pferd auf eine Tierhaut gezeichnet. Er hat es abgezeichnet von einem Bild auf dem Fels. Die Umrisse des Pferdes auf der Haut hat er ausgeschnitten. Das lederne Pferd hat er an die Felswand gelegt und die Umrisse nachgemalt. Viele Pferde sind auf diese Weise entstanden. Eines sieht wie das andere aus. Das sind falsche Bilder, das ist falscher Zauber.

Kull will kein falscher Schamane sein. Ich will echte Bilder malen. – Das braucht Kraft. Ich habe Angst, die Kraft nicht zu haben. Manchmal zittert meine Hand und mein Körper scheint wie gelähmt. Und manchmal bin ich müde. Sehr, sehr müde ...«

Dreibein liegt auf seinem Lager. Auch Dreibein hat Angst. Angst um Kull, Angst um Dreibein. Der Schamane ist krank. Noch kann der Schamane Dreibein schützen. Wie lange noch? Wenn Kull nicht mehr ist, wer schützt Dreibein vor Feuerhaar, vor Tl-Tl, vor den Sim-clan, die keine Krüppel dulden ...?

5

Laute Stimmen wecken Dreibein. Kull sitzt mit vier Männern um das Feuer. Es ist früh am Morgen und kalt. Die Männer wärmen sich am Feuer. Dreibein hört Kull sprechen.

»... und ihr Nashörner braucht das Bild des Wisents. Heute noch! – Eiternde Mammutbeule!«

Dreibein hört, dass Kull schlecht gelaunt ist. Bei schlechter Laune spricht Kull mit tiefer, brummiger Stimme.

Der Mann neben Kull hat eine Nase wie der Schnabel eines Vogels. Er spricht mit hoher Stimme, die aus der Nase zu kommen scheint.

»Schamane, die kleine Wisentherde unten am Fluss wird nicht warten. Wisente kümmern sich nicht um die Bräuche der Menschen.«

Kull streicht über seinen glatten Schädel und brummt vor sich hin. Dann sagt er: »Vogelnase, du weißt, dass die Jagd gefährlich ist, wenn sie nicht ruhig und überlegt vorbereitet wird. – Und Tl-Tl ist einverstanden, dass ihr vier den Wisent jagt?«

»Ja, der Erste will es. Wir brauchen das Fleisch, das Fell ...«

»Schon gut, Vogelnase«, knurrt Kull, »ich werde nach euch schicken, wenn es so weit ist. Am Abend vielleicht.«

Die Männer gehen. Kull schüttet den Rest der Kräutersuppe ins Feuer.

Kaum dass Dreibein von seinem Lager aufgestanden ist, hängt ihm der Schamane auch schon den Tragkorb um. Farbstaub, Fackeln, Bündel, Beutel ...

Schnell geht Kull durch den Gang zur Halle der Bräuche. Dreibein hat Mühe, ihm zu folgen. Er schwitzt und keucht. Den

Schamanen kümmert es nicht. Zornig brummt er unverständliches Zeug vor sich hin. Dreibein hört nur »Nashörner«.

In der Halle biegt Kull in einen Gang, den Dreibein beim ersten Mal noch nicht gesehen hat. Tierbilder tauchen im Licht von Kulls Fackel auf. Pferde, Rinder, Hirsche, Steinböcke. Viel zu schnell verschwinden sie wieder in der Finsternis. Da – ein Pferd, das in den Abgrund stürzt. Nur kurz beleuchtet es die Fackel, schnell wandert das Licht weiter.

Dreibein möchte stehen bleiben, schauen. Kull kümmert es nicht. Kull geht weiter. Zu schnell für Dreibein. Zu schnell für drei Beine. Steine liegen am Weg und Dreibeins Krücke rutscht oft ab. Dreibein bleibt zurück. Kleiner wird die Flamme der Fackel, schwächer ihr Schein. Jedes Mal, wenn der Schamane hinter einer Krümmung im Gang verschwindet, wird es dunkel um Dreibein. Kaum, dass er den Weg noch sieht. – Endlich bleibt Kull stehen.

Als Dreibein den Schamanen erreicht, wirft er den Tragkorb ab und legt sich erschöpft auf den Boden. Dreibein schnappt nach Luft. Seine Armhöhle schmerzt. Die Krücke hat sie wund gerieben. Schweiß brennt in der Wunde.

Kull steckt Fackeln in Felsritzen. Der Raum ist viel kleiner als die Halle der Bräuche, aber sehr hoch. Dreibein kann die Decke nicht sehen. Dunkelheit versteckt sie. Laut hallen Kulls Schritte.

»Komm her«, sagt Kull, »ich zeige dir, wie man Fettlichter macht.«

Der Schamane schmiert gelbes Fett in einen Stein, in den eine tiefe Mulde geschlagen ist. Kull füllt die Mulde bis zum Rand und streicht das Fett glatt. Er entzündet einen kleinen, harzigen Span und steckt ihn in die Mulde. Das Fett zerrinnt. Die Flamme ist klein, aber hell.

»Fettlichter sind gut zum Malen. Flackern nicht, sind ruhiger als die Flamme der Fackel. Geben gelbes, helles Licht. Brennen lang. – Mach mir drei davon!«

Während Dreibein arbeitet, sucht Kull die Wände ab. Er streicht mit der Hand über den Fels, beleuchtet den Stein von verschiedenen Seiten. Manchmal tritt er einen Schritt zurück, legt den Kopf zur Seite und starrt mit schmalen Augen auf den Fels.

Auch Dreibein sieht sich um. In einer dunklen Ecke sind Wachsende Steine. Hängende, stehende, große, kleine. An den Wänden sind gemalte Tiere. Blass und verwischt ist die Farbe, kaum noch erkennbar. Einige sind mit Strichen zerkratzt, andere von anderen Bildern übermalt. Und einige wieder sind zum Teil von Wachsenden Steinen überwuchert. Dreibein ahnt, dass sie vor langer, langer Zeit gemalt wurden.

Der Schamane hat sich vor eine Felswand gesetzt. Fettlichter erleuchten eine glatte Stelle an der Wand. Dreibein kann keinen Wisent darin erkennen.

Der Schamane nimmt schwarzen Staub in den Mund, kaut eine Weile und lässt dann schwarzen Speichel in einen hohlen Knochen rinnen.

»Mit Speichel hält die Farbe besser am Fels als mit Wasser«, sagt Kull, bevor er wieder den Mund voll Staub nimmt.

Bald ist der Knochenbecher gefüllt. Der Schamane schließt die Augen und sitzt ganz still.

Lange Zeit sitzt Kull so da. Dreibein glaubt schon, der Schamane sei eingeschlafen. Da bewegt Kull den Oberkörper. Langsam wiegt er sich, vor und zurück. Vor und zurück. Jetzt beginnt er zu singen. Mit hoher Stimme. Lang gezogene Töne. Im Takt seines Körpers, der vor und zurück schwingt. Kull singt in einer fremden Sprache, die Dreibein nicht versteht. Lauter, länger werden die Töne, schneller schnellt der Körper vor und zurück. Hoch und schrill wird der Gesang, zuckend die Bewegung, vor und zurück. Dann ein lauter Schrei. Dann Stille. Kull kippt nach vor, sein kahler Schädel schlägt an der Felswand auf.

»Kull!«, schreit Dreibein.

Kull antwortet nicht. Dreibein fasst den Schamanen an der Schulter und richtet ihn auf. Kulls Augen sind offen und blicken starr auf den Fels vor ihm. Sie scheinen in den Fels hineinzusehen, durch den Fels hindurchzusehen. Scheinen in eine andere Welt zu sehen. Im starren Gesicht lächeln die schwarzen Lippen.

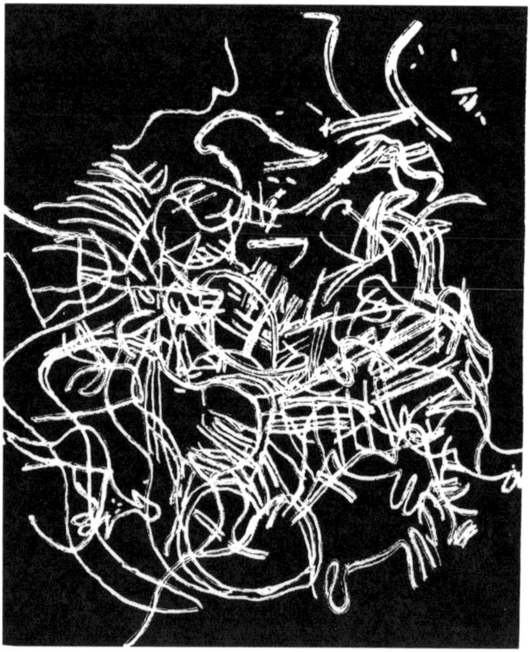

Dreibein hat Angst. Warum rührt sich der Schamane nicht? Ist er tot? Will er in jener Welt bleiben, die er mit starren Augen sieht? Zu lange sitzt Kull schon so da.

Endlich bewegt er sich wieder, blinzelt mit den Augen, entspannt die Schultern. Dreibein atmet auf.

Am unteren Teil der Wand ist der Fels hell und weich. Mit dem Finger zieht Kull

Striche in den weichen Stein. Wirre, verschlungene Striche. Wie in einem Schlangennest winden und schlängeln sie sich. Immer wieder krümmen sich die Striche, kehren um, verschlingen sich mit anderen, verwickeln sich zu Knoten, ringeln sich zu einem wirren Knäuel.

Dreibein kann kein Tier erkennen. Das soll ein Wisent werden? Dreibein ist enttäuscht. Kritzeleien sind das! Das bringt Dreibein auch zustande!

Plötzlich springt der Schamane auf. Groß und aufrecht steht er da. Seine Augen glänzen. Er winkt Dreibein, ihm mit einem Fettlicht zu leuchten.

Mit dem schwarzen Stück einer erloschenen Fackel beginnt Kull zu zeichnen. Große, kräftige Striche. Locker fliegt die Hand über den Fels und zieht schwarze Spuren. Ohne Zögern zieht er die Striche. Kein Strich zu viel, keiner zu wenig. Kein Nachfahren, kein Ausbessern. Kull muss den Wisent im Fels sehen, so schnell, so sicher führt er die Hand. Bevor die Zeichnung fertig ist, sieht auch Dreibein den Wisent, den Kull schon gesehen hat, als noch kein Strich an der Wand war. Mit fliegender Hand bringt Kull die Zeichnung zu Ende.

Doch der Schamane ist noch nicht fertig. Kull taucht den Finger in den Knochenbecher und schmiert schwarze Farbe auf seine Lippen. Er geht näher an das Bild heran und bläst die Farbe von seinen Lippen auf den Wisent. Immer wieder beschmiert Kull die Lippen und bläst. Mit der Hand deckt er die Stellen ab, an die kein Schwarz hinsoll. Das Auge des Wisents bleibt frei, indem es Kull mit dem Daumen abdeckt. Die kleinen Farbtropfen dringen in die kleinsten Risse und Löcher der Felswand ein. Tiefes Schwarz bedeckt den Wisent, den Kull an die Wand geatmet hat. Einige Stellen an Rücken und Schulter lässt er frei. In die bläst Kull rote Farbe.

Noch immer ist der Schamane nicht zufrieden. Mit Pinsel und

schwarzer Farbe zieht er die Umrisse des Wisents nach und malt Hufe, Hörner, Schweif und Mähne.

Während der Arbeit hat Kull nicht gesprochen. Nur durch einige Handzeichen hat er Dreibein gedeutet, wo er das Licht haben wollte. Ohne Unterbrechung hat Kull gearbeitet, keinen Augenblick gezögert.

Auch Dreibein hat nicht gesprochen. Staunend hat er dem Meister zugesehen und bewundert, wie der Wisent aus dem Fels gewachsen war.

Das Bild ist fertig. – Der Schamane macht einige Schritte zurück und legt den Kopf zur Seite. Er nickt. Kull ist zufrieden.

Er hüllt sich in seinen Umhang und legt sich unter dem Bild auf den Boden. Zu Dreibein sagt er: »Du kannst gehen. Ich komme später nach.« Und schon ist Kull eingeschlafen.

Dreibein sitzt neben Kull unter dem Felsdach. Kull isst Haselnüsse und Blaubeeren. Er wartet auf Vogelnase und die drei anderen Jäger. Er hat Sprichtnicht nach ihnen geschickt. Bald wird die Sonne hinter den Schwarzen Bergen hinuntersteigen.

Sehr spät ist Kull aus der Höhle zurückgekommen. Er hat sich am Bach gewaschen, doch noch immer sind Spuren von roter und schwarzer Farbe in seinem Gesicht.

Dreibein fragt: »Kull, warum muss das Tier vor der Jagd auf den Fels gemalt werden?«

»Damit die Welt im Gleichgewicht bleibt«, sagt der Schamane und knackt eine Nuss mit den Zähnen.

Dreibein versteht nicht.

Kull legt eine längliche Felsplatte auf einen spitzen Stein. Er rückt sie hin und her, bis sie im Gleichgewicht ist und nicht auf eine Seite kippt. Dann legt er Beeren und Nüsse darauf. Auf jedes Ende der Platte legt er einen schweren Stein. Die Platte schaukelt ein wenig, aber sie kippt nicht.

Kull nimmt eine Nuss herunter und sagt: »Wenn ich der Welt eine Nuss wegnehme, macht das der Welt nichts aus. Die Nuss ist klein und zur nächsten Zeit der gelben, fallenden Blätter sind die Büsche wieder voll davon. Es gibt so viele. Ich kann sie nicht alle essen.«

Kull nimmt einige Beeren von der Platte, schiebt sie in den Mund und sagt kauend: »Du siehst, noch immer alles im Gleichgewicht. – Wenn ich aber der Welt ein so großes und wichtiges Tier wie den Wisent wegnehme, so kann die Welt leicht kippen.«

Kull nimmt einen der beiden Steine herunter. Die Platte neigt sich und kippt. Stein, Nüsse und Beeren rollen auf den Boden.

»Da siehst du, was geschehen kann. – Und darum müssen wir Ersatz schaffen für das, was wir der Welt wegnehmen. Wir müssen ihr etwas zurückgeben, wegen des Gleichgewichts, damit sie nicht kippt. – Darum das Bild des Wisents in der Höhle. So ist das.«

Kull spuckt eine Nussschale aus und wischt sich mit der Hand über die Lippen.

»Erinnerst du dich, was Tl-Tl, der Erste der Sim-clan, über eine Steinbockjagd erzählt hat? Wie sie die Herde zur Felswand getrieben haben und viele Tiere in den Abgrund gestürzt sind?«

Dreibein nickt.

»Das war nicht gut. Zu viele Tiere. Freilich, die Jäger haben geschrien vor Freude und durch die kalte Zeit hindurch hat es genug zu essen gegeben, obwohl sich die Wölfe und Hyänen den größten Teil der Beute geholt haben. Für so viele tote Tiere ist es schwer, Ersatz zu schaffen. Seit damals ist die Welt ein wenig aus dem Gleichgewicht. Seither gibt es nur noch kleine und wenige Steinbockherden, seither hat die Sim-clan das Jagdglück verlassen ...«

6

Vogelnase und seine Begleiter sind mit den Jagdfarben bemalt. Die untere Hälfte der Gesichter ist rot, die obere schwarz. Weiß leuchten ihre Augen aus dem dunklen Gesicht. Vogelnase hat sich grün schillernde Entenfedern ins Haar geflochten.

Die langen Speere stellen die Jäger vor dem Felsdach ab, die kurzen Spieße und kleinen Speere nehmen sie mit in die Höhle. Der Schamane geht voran. Sprichtnicht und Dreibein kommen mit. Ohne zu sprechen gehen sie zur Halle des Wisents.

Die Jäger setzen sich auf den freien Platz vor dem Bild, lassen Raum in der Mitte. Zwei Fackeln erleuchten den Wisent am Fels. Eine Fackel bescheint die Wachsenden Steine in der Ecke. Dorthin stellt sich Sprichtnicht. Der Schamane verschwindet in einer dunklen Nische.

Dreibein weiß nicht recht, was tun. Er bleibt im Hintergrund stehen und wartet. Nichts geschieht.

Dann geschieht etwas in Dreibeins Ohr. Ein feiner, hoher Ton summt in seinem Ohr, in seinem Kopf. Der Ton wird lauter, dann klingt er aus. Ein tiefer Ton schwillt an, füllt seinen Kopf aus. Dreibein schüttelt den Kopf, um den Ton in seinem Kopf herauszuschleudern. Dabei fällt sein Blick auf Sprichtnicht bei den Wachsenden Steinen. Jetzt weiß Dreibein: Sprichtnicht macht die Töne.

Sprichtnicht hält in jeder Hand einen Stab. Die Enden sind mit Fell umwickelt. Damit schlägt er auf die Wachsenden Steine. Jeder Stein, jeder Schlag – ein anderer Ton. Lang schwingen die Töne, schwellen an, hallen von der hohen Decke der Höhle zurück in Dreibeins Ohr. – Tiefer werden jetzt die Töne, immer tiefer. Sie klingen wie das Brüllen der Rinder in der Nacht.

Dreibein fährt zusammen. Ein Wisent springt aus dem Dunkel auf den erleuchteten Platz vor den Jägern. Zottige Mähne, spitze Hörner. Wild schüttelt das Tier den Kopf, tückisch schimmern die Augen. Zornig stampfen seine Hufe, stampfen im Takt der Töne. Den Kopf wirft es zur einen, dann zur anderen Seite, als ob es unsichtbare Feinde abwehren wollte.

Eine leise Ahnung steigt in Dreibein auf. Unter dem Fell des Wisents steckt ein Mensch. Vielleicht Kull. Sicher ist sich Dreibein nicht.

Schneller werden die Töne. Hohe und tiefe Töne wechseln ab. Hoch – tief – hoch – tief ...

Vogelnase springt auf und umtanzt den Wisent mit hoch erhobenem Speer. Die anderen Männer folgen. Die schnellen Töne der Steine treiben ihre Beine an. Die Tanzenden drohen dem Wisent mit ihren Waffen, scheinen zustechen zu wollen, tun so, als ob sie Speere schleuderten.

Wilder werden die Bewegungen des Wisents, schneller stoßen seine spitzen Hörner zu. Geschickt weichen die Jäger den Stößen aus. Die Männer stöhnen und schreien schrill. Schweiß rinnt ihnen über das Gesicht. Die schwarze Farbe ihrer Bemalung vermischt sich mit der roten.

Weiter, schneller, sagen ihnen die Töne der Steine. Die großen, verzerrten Schatten der Männer tanzen an den Wänden und an der Decke. Ihre Schatten huschen über den Wisent am Fels. Hell, dunkel, hell, dunkel ... Das Tier scheint zu leben, zu laufen, zu rasen.

Der stampfende Wisent in der Mitte der Männer tobt. Mit einer wilden Bewegung reißt er die Fackeln aus dem Fels und zertrampelt die Flammen unter seinen Hufen.

Im schwachen Licht und durch dichte Rauchschwaden hindurch sieht Dreibein kaum noch, was geschieht. Da – Vogelnase sticht zu und trifft den Wisent am Hals. Ein gewaltiger Blutstrahl spritzt heraus und färbt den Arm des Jägers rot. Der Wisent brüllt. Er zuckt, krümmt sich und bricht langsam zusammen. Eine Blutlache quillt unter seinem Körper hervor, breitet sich aus und füllt die Vertiefungen am Felsboden.

Stille. Die Töne haben aufgehört zu klingen. Nur das schwere Atmen der Männer ist zu hören. Alles starrt auf den toten Wisent.

Ein Zischen. Die letzte Fackel erlischt. Es ist Nacht in der Höhle.

Dreibein hat Angst. Wenn es der Schamane ist, der unter der Haut des Wisents steckt, dann ist er verletzt oder gar tot. Ohne Kull fühlt sich Dreibein hilflos. Seine Tage bei den Sim-clan wären gezählt. – Warum hilft Kull niemand? – Warum hat Sprichtnicht die letzte Fackel gelöscht?

Bei den Wachsenden Steinen flackert eine kleine Flamme auf. Bald wird sie größer, bald brennt die Fackel mit hellem Licht. Sprichtnicht hat sie entzündet.

Dreibein blickt nach dem toten Wisent. Der Wisent ist weg. Nur die rote Blutlache schimmert am Boden. Daneben steht Kull. Seine dünnen, schwarzen Lippen lächeln.

»Gut. Sehr gut sogar«, sagt Kull. »Eure Speere werden den Wisent töten.«

Die rot und schwarz verschmierten und von Schweiß glänzenden Gesichter der Jäger zeigen Freude. Sie sind stolz darauf, vom Schamanen gelobt zu werden.

Kull nimmt die Knochenscheibe mit dem eingeritzten Wisent von seinem Hals und gibt sie Vogelnase. Dann legt der Schamane die Hand auf die Schulter von Vogelnase.

»Pass gut auf dich auf. Du weißt, die Hörner des Wisents sind spitz.«

Vogelnase lächelt und nickt. Kurz streichelt er den Umhang des Schamanen.

Kull gibt einem Jäger eine Muschel mit roter Farbe und zeigt auf eine Stelle neben dem Wisent am Fels. Der Mann bestreicht seine Lippen mit Farbe und bläst einen roten Punkt an die Stelle, die Kull anzeigt. Der Punkt ist weich und flaumig, wie eine rote Wolke am Morgenhimmel. Auch die anderen Männer blasen ihren Punkt an die Wand. Zuletzt Vogelnase. Zu viel Farbe ist auf seinen Lippen. Der Punkt wird groß und Farbe rinnt wie eine rote Träne den Fels hinunter.

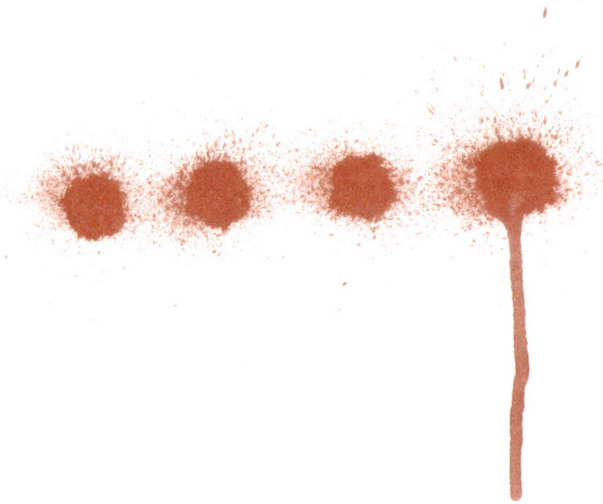

Die Männer und Dreibein gehen dem Ausgang zu. Hinter ihnen, in Rauch und Dunkelheit gehüllt, bleiben das Bild des Wisents und vier rote Punkte zurück, von denen einer zu bluten scheint.

Dreibein liegt auf seinem Lager. Er ist müde. Aber er kann nicht einschlafen. Zu viel ist geschehen, zu viele Fragen im Kopf.

Sprichtnicht schläft in der Nähe des erloschenen Feuers. Der ruhige Atem sagt Dreibein, dass Sprichtnicht schläft, denn Sprichtnicht schnarcht nie. Sprichtnicht spricht auch nicht im Schlaf.

Auch von Kulls Lager hört Dreibein kein Schnarchen, obwohl

der Schamane sonst sehr laut und raspelnd mit der Stimme des Schlafes spricht.

»Kull?«, fragt Dreibein ganz leise.

»Nein, ich schlafe nicht. – Frag schon!«

»Kull, warst du das unter dem Wisentfell? Und wenn du es warst, warum lebst du noch und warum hast du keine Wunde, wo doch so viel Blut herausgespritzt ist? Und warum ...?«

»Nashornfragen musst du anderen stellen. Nicht mir. Ich bin Schamane und kein Frosch, der seine Geheimnisse laut in die Nacht quakt.«

Kull lacht leise vor sich hin.

Es scheint Dreibein, dass sich der Schamane freut, ihn mit seiner Verkleidung getäuscht zu haben. Dreibein ist sich sicher, dass Kull in der Haut des Wisents gesteckt hat. Die Sache mit dem Blut würde er schon noch herausfinden. Es gibt noch viel, das Dreibein wissen möchte, wissen muss.

»Kull, du hast den Wisent auf den Fels gemalt, um die Welt im Gleichgewicht zu halten. Warum dann noch der Tanz, der Tod des Wisents, das Blut, die roten Punkte?«

Für eine Weile sagt Kull nichts. Dreibein kann Kull nicht sehen, doch er weiß, dass sich Kull mit der Hand über den kahlen Schädel streicht.

»Schon besser die Frage, Dreibein. Nur – ich bin mir nicht so sicher mit der Antwort. – Der Schamane vor mir hat es auch so gemacht und der vor ihm ebenso. Und der alte Mann unten in der Höhle der Sim-clan, von dem niemand weiß, wie alt er ist und der schon alt war, als die anderen Alten jung waren, sagt, dass es immer schon so gemacht wurde. – Jedenfalls war es nicht falsch, sonst wäre die Welt schon längst aus dem Gleichgewicht.«

Kull schweigt lange Zeit und Dreibein glaubt schon, der Schamane würde nichts mehr sagen. Doch dann: »Was im Berg drinnen geschehen ist, war Vorbereitung auf die Jagd. Die Gedanken der Jäger werden auf ein Ziel ausgerichtet. Und das Ziel heißt: Töte den Wisent! Nichts sonst darf in den Köpfen sein als: Töte den Wisent! Mit dem Jagdtanz wird ein Bild in den Kopf des Jägers gestampft: Töte den Wisent! Mit Blut wird das Bild in die Köpfe gemalt: Töte den Wisent! Mit Fackelflammen wird das Bild in den Kopf gebrannt: Töte den Wisent! Dieses Bild muss brennen, bis der Jäger den Speer in den Körper des Tieres stößt. In den Köpfen der Jäger muss es brüllen, stampfen und brennen: Töte den Wisent! Und die roten Punkte sagen: Wir stehen in einer Reihe, wir helfen einander, wir haben nur ein Ziel: Töte den Wisent! – Nur so kann die Jagd auf ein gefährliches Tier gelingen.«

Kull ist immer lauter und schneller beim Sprechen geworden. Jetzt holt er tief Luft. Dann gähnt er und sagt: »Auch meine Gedanken haben jetzt nur ein Ziel: schlafen, schlafen, schlafen ...«

7

Dreibein ist allein unter dem Felsdach. Draußen scheint die Sonne, doch es ist kalt. Dreibein sitzt nahe beim Feuer und hüllt sich tief in seinen weiten Umhang.

Dreibein macht Pinsel. Kull hat es ihm gezeigt. Dreibein legt viele Tierhaare zu einem Büschel zusammen, das untere Ende bindet er mit einem Grashalm fest, beschmiert es mit Harz und steckt es in einen hohlen Zweig.

»Pinsel«, hatte Kull gesagt »machen feinere Striche als Finger. Halten mehr Farbe. Mit dem Pinsel lassen sich längere Striche ziehen.«

Dreibein macht dicke, buschige Pinsel wie der Schweif des Eichhörnchens, schmale Pinsel mit feinen Spitzen, Pinsel aus weichen Haaren und Pinsel mit steifen Borsten. Dreibein mag diese Arbeit mehr als Steine zerschlagen, aber eintönig ist auch sie.

Dreibein hört ein Geräusch und blickt auf. Er lässt die Arbeit fallen und vergisst zu atmen. Dreibein sieht einen Bären. Nicht weit von ihm, unten beim Bach. Groß, sehr groß ist das Tier und zottig sein graues Fell.

Der Bär schnüffelt am Boden. Jetzt hebt er den Kopf und schaut zu Dreibein herauf.

Schau weg! Schau woanders hin! Schau nicht zu mir her! – So schreit es in Dreibeins Kopf, doch Dreibeins Mund bleibt zu.

Der Bär hält die Schnauze hoch und zieht tief Luft ein.

Riech mich nicht! Nein, nicht mich! Riech den Rauch! Riech das Feuer! Feuer ist nicht gut für Bären!

Jetzt richtet sich der Bär auf, steht auf den Hintertatzen. Er ist größer, als wenn ein Mann auf den Schultern eines anderen steht. Breiter als drei Männer nebeneinander. Der Bär brummt. Tief ist seine Stimme und macht Dreibeins Angst noch ein Stück größer.

Du hast gar keinen Hunger! Du bist satt! Ich schmecke nicht gut! Zu wenig Fett ist an mir. Menschenfleisch ist nichts für Bären!

Noch einmal brummt der Bär, dann lässt er sich wieder auf seine Vordertatzen fallen. Er schüttelt sich, überquert den Bach und geht den Abhang hinauf – weg von Dreibein.

Guter Bär! Kluger Bär! Braver Bär! Ja, geh nur weg! Geh! Geh! Dreh dich nicht um! Bleib nicht stehen! Geh nur weiter!

Oben am Hügel dreht sich der Bär noch einmal um. Dann verschwindet er hinter der Hügelkuppe.

Dreibein erinnert sich wieder daran, zu atmen.

An die Arbeit mit den Pinseln ist nicht zu denken. Dreibeins Hände zittern. Sein Körper ist nass von Schweiß. Er wirft den Umhang ab, springt auf und tanzt mit einem Bein. Dabei brüllt er. Nicht im Kopf, jetzt mit dem Mund. Dreibein schreit die ausgestandene Angst heraus, brüllt vor Erleichterung ...

Dreibein lehnt sich erschöpft an die Felswand. Noch etwas muss er tun, um die Angst, den Schrecken zu verjagen: Er nimmt einen roten Stein und zeichnet auf den Fels. Er versucht den Bären zu zeichnen.

Stirne ... Schnauze ... Kinn ... Nein. Das stimmt nicht. Sieht einem Fuchs ähnlich. – Noch einmal! Stirne ... Schnauze ... Kinn ... Nein! Nein! Dreibein will keine Hyäne zeichnen. – Noch ein Versuch. Stirne ... Schnauze ... Mund ... Kinn ... Ja! Dreibein kann den Bären sehen. Weiter! Hals ... Ohren ... Genick ... Schulter ... Ja! Ja!

»Aha, du hast Besuch gehabt«, hört Dreibein hinter sich.

Erschrocken dreht er sich um. Kull steht da. Kull lächelt.

»Ein Höhlenbär hat dich also besucht. Habe schon lange keinen mehr gesehen. Man sieht sie nicht mehr so oft wie früher. Braunbären dagegen ...«

»Woher weißt du ...?«

»Halt mich nicht für ein Nashorn«, sagt Kull. »Die Spuren unten am Bach und hier die Zeichnung vom Höhlenbären. Bei Braunbären verläuft die Linie zwischen Stirn und Schnauze etwas gerader.«

Dreibein atmet auf. Vielleicht kann Kull doch nicht in seinen Kopf blicken.

»Als du den Bären gesehen hast, Dreibein, was hast du getan?«

»Äh ... nichts.«

Kull nickt. »Das einzig Richtige. Nur bei Bewegung greift der Bär an. Daher keine Jagd auf ihn – zu gefährlich.«

Kull stellt sich vor Dreibeins Bild. Er legt den Kopf zur Seite und sieht es mit schmalen Augen an. Dann legt er den Kopf auf die andere Seite. Dann macht er einen Schritt zurück. Nach einiger Zeit fragt er: »Was hältst du davon, Dreibein?«

»Ich? – Oh, ich bin froh, dass du das Tier als Bären erkannt hast. Sogar als Höhlenbären.«

»Was ich erkenne oder nicht, ist nicht wichtig. Nur was du über dein Bild denkst, ist wichtig.«

»Äh ... ja ... Ich mag mein Bild. Nur die Schnauze ... die stimmt noch nicht ganz.«

Lange sieht der Schamane Dreibein an. Dann sagt er: »Sei nicht zu streng mit dir. Dein Bild ist gut. Der Bär ist echt. – In dir stecken Bilder, Dreibein, die wollen heraus. – Komm, ich will dir etwas zeigen!«

Dreibein freut sich über das Urteil des Schamanen. Für Dreibein ist Kulls Urteil wichtiger als sein eigenes.

Schwer beladen mit Fackeln und Beuteln mit Farbstaub führt der Schamane Dreibein in die Höhle. Vorbei am steinernen Wächter mit den roten Augen, vorbei an den Wachsenden Steinen, vorbei an den Bildern in der Halle der Bräuche, vorbei an Noo, dem verbotenen Schlund.

Kull führt Dreibein in einen niedrigen Gang. Der Weg ist nicht ausgetreten. Große Steine liegen auf dem Boden. Hier ist Dreibeins Krücke nutzlos. Zu niedrig ist die Decke und der Stock findet keinen Halt an den Steinen. Dreibein steckt die Krücke in sein Traggestell. Er stützt sich mit den Händen an großen Steinen ab, geht mit den Knien, geht mit dem gesunden Fuß. So ist es leichter, so kann Dreibein dem Schamanen folgen.

Die Decke wird höher, der Gang breiter. Hier bleibt Kull stehen. Sie stellen die Tragkörbe ab und holen tief Luft. Kull zeigt in einen engen Gang, der vom breiten Weg abzweigt.

»Das ist deine Höhle, Dreibein. Hier darfst du deine Bilder malen.«

Vor Freude und Überraschung kann Dreibein nicht sprechen. Seine eigene Höhle! Eigene Bilder! – Am liebsten würde Dreibein den Schamanen umarmen.

»Es ist wichtig, dass du hier im Inneren des Berges malst. Du musst dich an die Dunkelheit, das flackernde Licht, an die Einsamkeit und die Stille gewöhnen.

Du hast es in dir, Dreibein, einmal gute Bilder zu malen. Sie stecken in dir. Doch bevor es so weit ist, musst du viele Bilder malen, die dir misslingen, mit denen du unzufrieden bist. Große Herden von Tieren musst du malen, bis dir ein Tier gelingt, auf das du stolz bist. – Wenn du willst, kannst du gleich beginnen.«

Und Dreibein will. Nichts lieber als das!

Sie packen die Fackeln und Malvorräte aus den Tragkörben

und schlichten sie in eine trockene Nische. Bevor Kull geht, sagt er: »Einige wichtige Dinge, Dreibein. – Sieh zu, dass du immer genügend Fackeln bei dir hast. Den Reibstab zum Feuermachen und das, was dazugehört, trägst du bei dir in deinem Umhang. Unerwartet könnte eine Fackel erlöschen. Dann ist Finsternis um dich. Mach dir keine Hoffnung, ohne Licht je wieder aus dieser Höhle herauszufinden. – Mir ist es einmal so ergangen: Kein Licht inmitten der Höhle. Ich kenne die Höhle gut. Ich habe versucht tastend den Augang zu finden. Ich habe mich verirrt, habe nicht mehr gewusst, wo ich bin. Erschöpft bin ich irgendwo zusammengesunken. Nach drei Tagen hat mich Sprichtnicht gefunden. Vor mir, einen Schritt entfernt – ein grausiger, tiefer Abgrund ... Licht ist das Erste, was du zum Überleben in der Höhle brauchst. Sieh dich vor.«

Dreibein schauert. Kalte Wellen tanzen auf seinem Rücken. Mit ernster Stimme spricht Kull weiter: »Du darfst alle Tiere malen, die es gibt. Große und kleine. Laufende, schwimmende, fliegende. Solche, die Pflanzen fressen, und solche, die Fleisch fressen. Von allen Seiten, in allen Stellungen und Bewegungen darfst du sie malen. Nur eines darfst du nicht: Du darfst keinen Menschen malen. Es ist verboten, Menschen zu malen.«

Dreibein blickt den Schamanen fragend an.

»Warum nicht? – Weil wir auf Menschen keine Jagd machen. Menschen dürfen Menschen nicht jagen. Menschen dürfen Menschen nicht töten. So ist das.«

Kull geht in Richtung Ausgang. Er bleibt stehen, kommt wieder zurück.

»Noch etwas, Dreibein. – Die schwarze Farbe: Male mit dem Schwarz des Holzes, das im Feuer entsteht. Verwende nicht das Schwarz der Steine. Das ist nichts für dich. – So. Genug geredet. An die Arbeit.«

Der Schamane geht. Bald kann Dreibein das Licht seiner Fackel nicht mehr sehen. Dreibein ist allein.

Dreibein ist ein wenig beklommen zu Mute. Dunkelheit um ihn. Der Schein der Fackel reicht nicht weit. Ganz still ist es. Nur ab und zu schlägt ein Wassertropfen auf. Doch Dreibeins Neugierde ist größer als seine Beklommenheit.

Er tritt in den engen Gang, der in seine, seine eigene Höhle führt. Der Einstieg ist eng, bald wird die Höhle breiter. Ein Wachsender Stein, rötlich glänzend. Am Boden Steinbecken, mit Wasser gefüllt. Gut. Wasser zum Anrühren der Farben. Die Höhle ist nicht lang. Große Steine bilden das Ende.

Dreibein steckt zwei Fackeln in Ritzen an der Felswand. Damit kann er den kleinen Raum ausleuchten. Viele glatte Stellen im Fels laden zum Malen ein. Dreibein will gleich beginnen. Er will den Bären nochmals malen. Er rührt roten Staub mit Wasser an.

Plötzlich hört Dreibein Schritte. Er blickt auf. Durch den engen Spalt des Einstiegs zu seiner Höhle sieht er Licht. Es huscht vorbei. Die Schritte werden leiser.

Dreibein reißt eine Fackel aus der Wand, humpelt zum Ausgang und schiebt sich durch. Hinter einer Krümmung des Gangs sieht er den Lichtschein verschwinden. Ihm nach, tiefer in den Berg hinein!

Drei Beine sind zu langsam. Sosehr sich Dreibein abmüht, er kann den Lichtschein nicht einholen. Dreibein geht langsamer. Soll er umkehren? – Bis zur nächsten Krümmung des Ganges noch, dann zurück. Der Gang wird breiter, höher, Dreibein steht in einer Halle.

Noch einige Schritte und Dreibein schreit auf. Vor ihm auf einem Felsblock – der weiße Knochenschädel eines Bären. Tiefe, schwarze Augenhöhlen starren ihn an. Der Oberkiefer ragt über die Felskante und die großen, spitzen Eckzähne zeigen auf Dreibein.

Erschrocken macht Dreibein einige Schritte zurück. Der Krückstock rutscht an einem glatten Stein ab. Dreibein fällt. Die

Fackel wird aus seiner Hand geschleudert. Die Fackel zischt. Finsternis.

Dreibein tastet nach der Fackel. Er greift in kaltes, tiefes Wasser.

Die große Furcht greift nach Dreibein. Die Furcht, die nicht mehr klar denken lässt, die Furcht, die immerfort im Kopf schreit: Tu was! Irgendetwas! Lauf weg! Renn! – Dreibein krallt sich am Boden fest, um nicht aufzuspringen und loszulaufen. In die Dunkelheit hinein. Auf einen Abgrund zu. Zu gut hat Dreibein das Bild von Kulls Erzählung im Kopf.

Der Griff, mit dem die Furcht Dreibein umklammert, löst sich langsam. Langsam kann Dreibein wieder atmen, kann wieder denken. Dreibein erkennt, woran er sich festhält: Knochen. Große, alte Knochen. Entsetzt lässt er sie fallen. – Bären! Der Bärenschädel vor ihm auf dem Fels, Bärenknochen unter ihm auf dem Boden. Leben hier noch Bären? Große Höhlenbären, einer von denen, wie ihn Dreibein draußen vor dem Felsdach gesehen hat? – Nashorn!, schimpft Dreibein mit sich. Kull hätte es ihm gesagt. Kull musste es wissen.

Nashorn! Dumm wie ein Nashorn war Dreibein gewesen. Was hatte Kull vor dem ersten Besuch in der Höhle gesagt: »Alles was du drinnen tust, musst du ruhig und überlegt tun. Hast und Ungeduld können gefährlich sein ...« – Genau das war Dreibeins Fehler gewesen. Aus Hast hatte Dreibein keine zweite Fackel mitgenommen, hatte das Reibholz zum Feuermachen vergessen. Darum sitzt er jetzt in der Dunkelheit. Dümmer als ein Nashorn.

Der Zorn über sich selbst macht Dreibein ruhiger. Dreibein wird hier sitzen bleiben und warten, bis Kull ihn findet.

Dreibein horcht in die Finsternis hinein: Wasser plätschert leise. Tropfen klatschen auf Wasser. Dreibein atmet. Dreibeins Herz schlägt. Sonst kein Geräusch, nichts. – Kein Gebrumme von Bären, keine Schritte von dem Wesen, dem Dreibein gefolgt war.

Wer konnte das gewesen sein? – Dreibein denkt an den Schatten, der in der Nacht an seinem Lager vorbeigehuscht war. Lebt hier in der Höhle noch jemand, von dem niemand etwas weiß? – Kull müsste es wissen. Doch vielleicht will Kull nicht, dass es jemand erfährt ...

Dreibein weiß nicht, wie lange er in der Finsternis sitzt. Manchmal glaubt er, es können nur wenige Augenblicke vergangen sein, dann wieder meint er, es müssten Tage her sein, seit die Finsternis um ihn ist. Dann wieder denkt er, er sei schon gestorben oder ein böser Traum hält ihn gefangen. Manchmal glaubt er Schritte zu hören, einen Lichtschein zu sehen, doch seine Ohren und Augen täuschen ihn jedes Mal.

Jetzt wieder Schritte und schwacher Schimmer aus dem Gang, aus dem er gekommen ist. Dreibein bleibt sitzen. Er glaubt seinen Augen und Ohren nicht. Die Schritte kommen näher, der Schimmer wird stärker. Dreibein bleibt sitzen, dreht dem Gang den Rücken zu. Eine Stimme hinter ihm: »Was machst du denn hier?«

Kull. Kulls Stimme. Dreibein dreht sich um und springt auf. Kull mit heller Fackel. Kull mit glänzender Glatze. Kull mit spöttischem Lächeln auf schwarzen Lippen.

Dreibein weiß, was Kull denkt: Nashorn! – Dreibein schämt sich. Und doch ist Dreibein glücklich, wieder Kull und wieder Licht zu sehen.

Dreibein erzählt, was geschehen war. Der Schamane schüttelt den Kopf.

»Nein, hier wohnt kein geheimnisvolles Wesen, von dem niemand etwas weiß. Ich müsste es wissen. Nur Sprichtnicht und ich kennen die Halle der Bären hier. Sonst niemand. Du hast dich getäuscht.«

Jetzt hat Dreibein Licht, sich in der Halle umzusehen: Wenige Schritte vor ihm – ein See. Ein richtiger See, tief drinnen im Berg!

Das Fackellicht färbt ihn rot. Leise plätschern kleine Wellen an den Fels, auf dem der Bärenschädel liegt. Das andere Ufer des Sees ist eine steile Felswand. Wachsende Steine tropfen und rinnen aus der Wand und zeigen ihr umgedrehtes Abbild im Wasser. Lange Zeit steht Dreibein ganz still. Etwas Schöneres hat Dreibein noch nie gesehen.

»Kull«, fragt er leise, »wird das die neue Halle der Bräuche?«

»Nein. Zu klein für zwei oder drei Menschenherden. Außerdem zu nass.«

Kull winkt Dreibein zu sich, tritt näher an den Fels und leuchtet. Ein Bär erscheint. Ein großer Bär, mit rotem Stein gezeichnet. Dreibein weiß: Ein Meister muss ihn gemacht haben. Kein Fehler, alles stimmt. An manchen Stellen ist roter Staub am Körper des Bären verrieben. Das gibt dem Bären Gestalt, sodass Dreibein glaubt, der Bär wachse aus dem Fels, glaubt, er könne den Bären angreifen und streicheln.

»Kull, hast du ...?«

»Ja. Ich habe ihn vor langer Zeit gezeichnet. – Du siehst, auch ich musste dreimal beginnen, bevor er mir gelungen ist.«

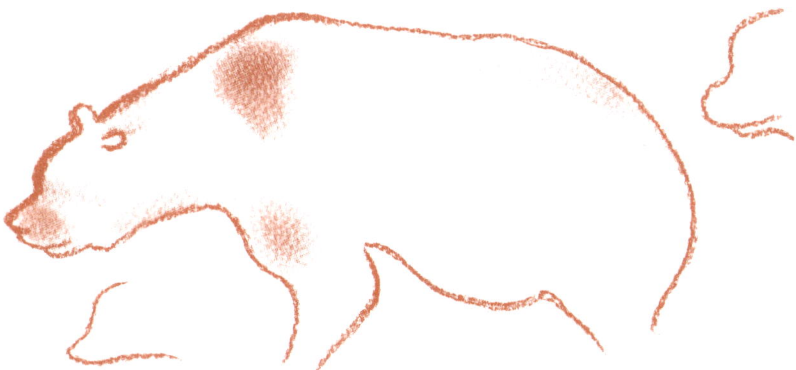

Jetzt sieht Dreibein zwei Köpfe, einer vor und einer hinter dem Bären, nicht so geglückt wie der Kopf des mittleren.

Der Schamane geht einige Schritte in die Mitte der Halle und beleuchtet mit der Fackel den Boden. Dreibein sieht große Mulden im Sand.

»Hier haben die Bären geschlafen. Viele kalte, weiße Zeiten hindurch. Viele sind während der kalten Zeit gestorben.« Kull weist mit der Hand auf den Schädel am Fels und die Knochen davor.

»Und hier«, sagt Kull und leuchtet an eine Stelle an der Wand, »hier haben die Bären ihre Bilder gezeichnet.«

Lange, gerade Striche sind in den Fels gekratzt. Immer vier Striche nebeneinander. Dreibein versteht nicht, er fragt Kull mit den Augen.

»Nun, manche sagen, die Bären kratzen am Fels, um ihre Krallen zu schärfen. – Ich sage, sie hinterlassen Spuren und Zeichen. Sie zeichnen. Doch ich weiß nicht, was ihre Zeichen sagen sollen. – Menschen sind nicht viel anders als Tiere. Auch wir hinterlassen Zeichen, Spuren. Unsere Spuren sind die Bilder an den Wänden. Vielleicht sollen sie den Menschen, die lange, lange Zeit nach uns kommen, sagen: Seht her, auch wir waren einmal ...«

8

Dreibein seufzt und lässt den Pinsel sinken. Kull hatte Recht gehabt: Viele Bilder würden ihm misslingen, bevor ihm eines gelang.

Seit dem frühen Morgen schon war Dreibein in seiner Höhle und hatte gemalt, gezeichnet und Tiere in den Fels geritzt. Die Arbeit war anstrengend. Aber zu sehen, wie ein Tier am Fels entsteht, durch die eigene Hand, das ist schön. Schöner als Steine zerklopfen oder Pinsel binden.

Einige Teile waren Dreibein ganz gut gelungen. Leider nur Teile. War der Kopf eines Pferdes geglückt, dann sahen die Hufe des Tieres aus wie die Füße des Nashorns. Wenn sich Dreibein über die schön geschwungene Rückenlinie des Wisents freute, dann ärgerte ihn der rattenähnliche Kopf, der nicht dazu passte. – Trotzdem, diese Arbeit macht Dreibein Freude.

Er macht sich auf den Weg zum Ausgang. Steine müssen zu Staub geschlagen und Haare zu Pinseln gebunden werden. Diese Arbeiten bleiben Dreibein nicht erspart.

In der Nähe des Ausgangs hört Dreibein Stimmen, das Gemurmel vieler Menschen. Zögernd tritt Dreibein aus der Höhle.

Die Herde der Sim-clan hat sich vor der Höhle versammelt. Tl-Tl und seine besten Jäger sitzen bei Kull unter dem Felsdach. Die anderen, Männer, Frauen, Kinder, sind im Freien auf dem Platz vor der Höhle. Alle scheinen auf etwas zu warten.

Dreibein möchte zurück in die Höhle. Er hat Angst vor den vielen Menschen. – Zu spät. Die Menschen haben Dreibein gesehen, er kann nicht mehr zurück. Scheu drückt sich Dreibein an der Felswand entlang, vorbei an den Männern, die beim

Schamanen sitzen. Nur nicht in ihre Reichweite kommen! Nur nicht zu nahe! Dreibein sieht Feuerhaar bei den Männern sitzen.

Die Sim-clan blicken an Dreibein vorbei, sehen durch ihn hindurch. Dreibein gibt es für sie nicht. Nur einige Kinder blicken Dreibein an – neugierig, böse.

Dreibein setzt sich abseits der Menschenherde auf einen Stein. Lieber würde er unter dem Stein sitzen. Dreibein mag die Blicke nicht, die auf ihn gerichtet sind, mag auch die Blicke nicht, die nicht auf ihn gerichtet sind.

Etwas setzt sich auf seine Schulter und zupft an seinem Ohr. Dreibein wendet den Kopf. Er freut sich, die Krähe mit dem weißen Kopf zu sehen. Er freut sich, gleich darauf Kris Stimme zu hören.

»Sie mag dein Ohr. Sie mag nicht alle Ohren, bei Ohren ist sie sehr heikel.«

Kri setzt sich neben Dreibein. Einige böse Blicke treffen Kri. Kri kümmert sich nicht darum. Sie sagt: »Wir warten hier auf die Tui-clan, die Rindermenschen. Auf der anderen Seite des Hügels ist ein Felsdach. Dort lagern sie, wenn sie an den Bräuchen teilnehmen. Zu Mittag sind sie dort angekommen und sind schon auf dem Weg hierher. Gleich müssen sie da sein. Ich freue mich schon sooo! Wieder andere Gesichter sehen, Neues hören, Geschenke machen, Dinge tauschen. Und dann – die große Gemeinsame Jagd!«

Die Krähe fliegt hoch und setzt sich auf die höchste Stelle des Felsdachs. Sie krächzt und hört nicht mehr auf zu krächzen.

»Sie sieht sie schon! Sie sieht die Tui-clan kommen!«, ruft Kri und springt auf.

Jetzt sieht auch Dreibein oben auf der Hügelkuppe Speerspitzen auftauchen. Die Speere werden länger, Köpfe werden sichtbar. Die Köpfe sitzen auf Körpern. Die Körper werden von Beinen getragen. Jetzt stehen die Beine still. Hände halten die Speere hoch. Ein Schrei aus vielen Mündern rollt den Hügel herab.

Die Sim-clan halten ihre Waffen hoch, ihr Schrei hüpft den Hügel bergan.

Langsam kommen die Tui-clan herunter. Dunkel sind ihre Gestalten auf dem gelben Gras. Ein Mann geht voran. Hinter ihm folgt eine kleine Gruppe von Männern. Dann, dicht gedrängt, die Herde der Rindermenschen.

Kri erklärt: »Der Mann ganz vorne mit dem struppigen, grauen Haar und dem Leopardenfell um die Schultern ist Xan, der Erste der Tui-clan. Er ist nicht so stark wie unser Tl-Tl, aber er ist schlau und hat eine schnelle, spitze Zunge, die anderen leicht wehtun kann. – Die Männer dahinter sind die großen Jäger der Tui-clan ...«

Kri hört auf zu sprechen. Auf ihrer Stirne bildet sich eine tiefe Falte. Kri wartet, bis die Männer näher kommen, um die Gesichter besser erkennen zu können.

»Hmmm, da ist einer, den ich nicht kenne. Der ist neu bei den Tui-clan. Der – mit dem rot gefärbten Umhang, der sein Haar in viele kleine Zöpfchen geflochten hat. – Das sieht ja zum Lachen aus. Wie kann ein Mensch nur sooo eitel sein!«

Kull, Tl-Tl und seine besten Jäger empfangen Xan und seine Begleiter. Begrüßung, Austausch von Geschenken. Langsam und mit Würde. Kull lädt ein, am Feuer Platz zu nehmen.

Sprichtnicht hebt mit einem gegabelten Stock heiße Steine vom Feuer. Darunter sind Fleischstücke in große Blätter gewickelt, weiche Wurzeln, gebratene Äpfel. Duft steigt in die Nasen. Die Männer greifen zu. Niemand spricht während des Essens. Nur Schmatzen und ab und zu ein Rülpsen sind zu hören.

Draußen vor dem Felsdach sitzen Sim-clan und Tui-clan in Gruppen zusammen. Reden, Schreien, Lachen. Zwei Männer streiten sich. Kleine Kinder verstecken sich scheu hinter ihren Müttern. Feuer werden entzündet. Fleisch wird gebraten. Kinder werden gesäugt. Felle werden gegen Salz getauscht. Muscheln gegen Schneckenhöhlen. Horn gegen Feuerstein ...

Dreibein ist nicht Teil davon. Dreibein hockt am Fuß der Felswand in sicherer Entfernung von den Männern am Feuer. Er hat sich ganz klein gemacht, möchte nicht gesehen werden. Doch die Männer beachten ihn ohnehin nicht. Nur der Mann im roten Umhang und den vielen Zöpfchen hat Dreibein mit einem eigenartigen Blick angesehen, den Dreibein nicht zu deuten wusste. Auch während des Essens sieht er mehrmals zu Dreibein hinüber. Scharf und stechend sein Blick.

Nach dem Essen steht Xan, der Erste der Tui-clan, auf. Er schiebt sein Leopardenfell ins rechte Licht und beginnt mit wohltönender, lauter Stimme zu sprechen.

»Pferdemenschen und Rindermenschen ...!«

Von draußen drängen Männer und Frauen unter das Felsdach. Sie wollen hören, wenn Wichtiges gesprochen wird. Xan hebt die Hand, das Gemurmel verstummt.

»Zur Zeit der gelben, fallenden Blätter kommen wir hierher um wichtige Bräuche zu feiern. Das Fest der Gemeinsamen Jagd soll uns Jagdglück bringen, damit wir für die kalte Zeit genügend zu essen haben. Es soll uns Felle bringen, damit wir nicht zu frieren brauchen. – Doch was hat uns das letzte Fest gebracht? – Hunger und Kälte hat es uns gebracht. Erinnert ihr euch noch ...?«

Xan zeigt mit einer weiten Bewegung des Arms auf die Menschen. Zustimmendes Gemurmel. Tl-Tl und seine Männer nicken. Nur Dreibein mag nicht, was Xan spricht.

Xan hebt wieder die Hand.

»Wir feiern das Fest der Großen Frau. Es soll uns Kinder bringen und unsere Herde vermehren. Hat es das getan? – Zwei Frauen der Tui-clan sind während der Geburt gestorben. Und drei Kinder, noch an der Brust der Mutter, haben wir während der warmen Zeit der bunten Blumen verloren ...«

Xan senkt den Kopf und bedeckt seine Augen mit der Hand. Der Schmerz der Erinnerung lässt Xans Körper zucken. Dreibein sieht, wie Xan durch seine Finger blickt, die Menschen beobachtet. Xan schüttelt die Trauer ab, hebt wieder den Kopf.

»Woran liegt es? Wer trägt die Schuld an unserem Unglück? – Lange Zeit habe ich nachgedacht. Ich habe die Antwort gefunden. Ich mag die Antwort nicht sagen. Zu sehr schmerzt sie mich. Zu sehr wird sie euch schmerzen.«

Xan verhüllt seinen Kopf mit dem Leopardenfell, steht da ohne zu sprechen. Schweigend stehen die Menschen unter dem Felsdach und warten, dass Xan weiterspricht. Dreibein will nicht, dass Xan noch mehr sagt.

Xan wirft das Leopardenfell von sich und hebt, wie um Verzeihung bittend, die Hände.

»Doch ich muss sagen, was ich weiß. Zum Wohle der Simclan, zum Wohle der Tui-clan. – Kull der Schamane war uns lange Zeit ein guter Führer durch die Welt der Geister und Dämonen. Unsere Menschenherden wuchsen, unsere Jagd war erfolgreich. Doch Kulls Kraft ist gebrochen. Kull hat keine Macht mehr über die geheimnisvolle Welt der Dunkelheit. Die Geister der Höhle gehorchen ihm nicht mehr, die Dämonen verfolgen uns. – Wir brauchen einen neuen Schamanen!«

Xan lässt die Hände sinken und wartet. Stille. Dann sprechen alle aufgeregt durcheinander. Einige Tui-clan schlagen Knochenstücke aneinander, machen ein klapperndes Geräusch. – Dreibein blickt auf Kull. Der sitzt mit starrem Gesicht da. Lässt niemanden sehen, was er denkt. Warum sagt Kull nichts?

Xan hebt die Hand. Sprechen und Klappern verstummen.

»Ihr werdet euch denken: Das ist leicht gesagt, ›Wir brauchen einen neuen Schamanen‹. – Woher einen nehmen? Schamanen wachsen nicht wie Pilze im Wald. Xan wäre nicht der Erste der Tui-clan, hätte er nicht vorgesorgt. Ich habe einen Schamanen mitgebracht. Einen der berühmtesten und mächtigsten Schamanen weit und breit: Schleem. – Schamane Schleem, sprich für dich selbst!«

Xan zeigt auf den Mann im roten Umhang und mit den vielen Zöpfchen am Kopf.

Lautes Klappern von Knochen und Holzstücken bei den Tui-clan. Lobende Rufe. Aufmunternde Pfiffe. – Misstrauische Blicke und Schweigen bei den Sim-clan. Zornig zuckt die rote Narbe im Gesicht von Tl-Tl. Er will aufspringen, doch Kull hält ihn zurück, bedeutet ihm ruhig zu bleiben. Wieder zuckt die Narbe, aber Tl-Tl bleibt sitzen.

Dreibein atmet auf. Die Sim-clan scheinen eher auf Kulls Seite zu stehen. Zwar sind sie nicht zufrieden mit Kull, aber ein fremder Schamane, der noch dazu von den Tui-clan kommt, das scheinen sie nicht zu wollen.

Langsam und würdevoll steht Schleem auf. Er verschränkt die Hände über der Brust und wartet, bis es ganz still ist. Dann streckt er weit die Zunge heraus und dreht den Kopf, damit alle die Zunge sehen. Dann sagt er: »Sim-clan und Tui-clan, ihr seht, auf meiner Zunge ist keine Lüge. Ich spreche wahr. – Ich bin Schleem der Schamane. Ich komme aus der großen Höhle der Bilder, weit weg von hier gegen Mitternacht. Dort verehren mich die Menschen und selbst die großen Schamanen kommen zu mir, um Rat zu fragen. Kunde von eurem Unglück drang zu mir. So bin ich gekommen zu helfen und zu raten. Ich werde ... oh!«

Schleems Körper krümmt sich. Er streckt die Arme nach vor, spreizt die Finger, als wolle er schreckliche Bilder von sich fern halten. Seine Augen sind weit aufgerissen. Langsam rollen die Augen nach oben. Nur mehr Weiß ist in Schleems Augen zu sehen. Die weißen Augen, die nicht sehen, blicken zur Decke. Mit hohler Stimme und mit langen Unterbrechungen spricht Schleem weiter. So, als müsse er auf eine innere Stimme lauschen, die ihm sagt, was zu sagen sei.

»... ich sehe ... ich sehe eine Tierherde, geführt von einem Tier im schwarzen Fell ... Es ist dunkel, der Weg ist schlecht und steinig ... Das schwarze Tier führt die Herde tiefer in die Dunkelheit, dem Abgrund zu ... Die Herde friert, hat Hunger, hat nichts zu fressen ... Näher zum Abgrund führt das schwarze Tier die Herde ... näher ... näher ... Nein! Nicht! Es fällt, das schwarze Tier stürzt in die Tiefe ... Grausig hallt sein Brüllen ... Sein Brüllen wird leiser ... leiser ... Ratlos steht die Herde am Rand des Abgrunds ... Da! ... Ein Tier mit rotem Fell erscheint ... es führt die Herde weg vom Abgrund ... führt sie hinauf ins Licht, in die Wärme ... weite, grüne Wiesen liegen vor den Tieren ... saftiges Gras ... genug zu fressen ...«

Schleem fällt auf die Knie. Sein Kopf sinkt auf die Brust, die Augen geschlossen. Sein Körper zittert. – Nach einer Weile hebt Schleem den Kopf und blickt verwirrt um sich. Dann scheint er sich zu erinnern, wo er ist. Langsam steht er auf.

»Aus mir haben die Geister der Höhle gesprochen«, sagt Schleem. Weit streckt er die Zunge heraus, zeigt allen die Zunge. Dann setzt er sich.

Lange Zeit ist es still. Dann klappern die Tui-clan mit Knochen. Einige Sim-clan klappern mit. Ehrfurcht in ihren Gesichtern. Selbst Tl-Tl hat vergessen, dass er vorhin etwas sagen wollte. Dreibein hat Angst um Kull.

Jetzt steht Kull auf. Steif, ächzend. Macht einige Schritte auf die Sim-clan zu. Er geht, als wären seine Füße eingeschlafen. Kull spricht. Weich und honigsüß. Vorwurf in seiner Stimme.

»Sim-clan! Ich schäme mich für euch. – Der hochberühmte Schamane Schleem erweist uns die Ehre durch seinen Besuch und ihr, Sim-clan, spendet nur kargen Beifall. Zwar haben wir vom weithin bekannten Schleem noch nie gehört, doch dass er berühmt ist, steht fest, denn Xan sagt es und Xan hat noch nie gelogen.«

Lachen aus den hinteren Reihen der Tui-clan. Einige Sim-clan kichern hinter vorgehaltener Hand. Sonst verwirrte Gesichter.

»Der mächtige Schleem hat uns ein Beispiel seiner Kunst vorgeführt: Er kann die Augen nach oben rollen, dass nur mehr das Weiß seiner Augen zu sehen ist. Das kann ich nicht. Ich kann sie nur einwärts drehen.«

Kulls Augen drehen sich nach innen, sehen auf seine Nasenspitze. Schielend blickt er in die Runde.

Lachen bricht los. Niemand kann es zurückhalten. Selbst der finstere Tl-Tl lacht mit heiserer Stimme. Auch Dreibein lacht. Befreit, erleichtert. Er weiß, was Kull vorhat.

Nur Xan und Schleem lachen nicht.

In das Lachen hinein ruft Kull: »Da hat sich der verehrte Schamane Schleem doch etwas mehr Beifall verdient!«

In das Lachen mischt sich das Klappern von Knochen, das Klimpern von Holzstücken. – Als es wieder still ist, sagt Kull: »Die Kunst der Schamanen liegt nicht nur im Verdrehen der Augen. Schamanen haben Wichtigeres zu tun. Schleem wird uns sicherlich die Freude machen, ein Beispiel seiner hohen Kunst vorzuführen. Schleem, den die großen Schamanen um Rat fragen, kann große Dinge tun, denn Schleem hat uns seine Zunge gezeigt und darauf war keine Lüge ...«

Kull streckt seine schwarze Zunge weit heraus und schielt. Brüllendes Lachen dröhnt im Raum unter dem Felsdach und will nicht aufhören. Kull tritt zur Seite, weist mit der Hand auf den freien Platz, fordert Schleem auf, an Kulls Stelle zu treten.

Schleems Kopf ist rot. Wütend blickt er auf Kull. Dann springt er auf, nimmt einige brennende Zweige und baut ein Feuer auf dem freien Platz vor den Menschen der Tui-clan und Sim-clan. Mit verschränkten Armen wartet er, bis niemand mehr lacht. Dann beginnt er um das Feuer zu tanzen.

Schleem tanzt gut. Leicht sind seine Füße, kräftig und sicher seine Bewegungen. Sein roter Umhang flattert. Wie eine Flamme fliegt er hinter ihm her. Die bunten Lederstreifen, die in seine Zöpfe geflochten sind, wirbeln hoch, machen Schleems Kopf größer. Sein Körper ist mit schwarzen Schlangenzeichen bemalt. Die Schlangen bewegen sich, wenn sich Schleems kräftige Muskeln spannen. – Schneller wird sein Tanz, höher die Sprünge. Schleem hat sich vom Feuer entfernt. Jetzt rennt er auf das Feuer zu, springt in die Luft, rollt sich klein zusammen, rollt durch die Luft über das Feuer hinweg, streckt den Körper und landet sicher auf den Beinen.

Oooh von den Zusehern. Klappern von Knochen, Klimpern von Hölzern.

Schleem holt etwas aus einem Beutel an seinem Gürtel und wirft es ins Feuer. – Hoch flackert die Flamme. Blau brennt das Feuer. Für kurze Zeit leuchtet alles in Blau. – Oh! –

Wieder wirft Schleem etwas ins Feuer. – Gelb. In hellem Gelb zucken die Flammen hoch, kurz nur, dann sinken sie nieder. – Ah! – Noch einmal füttert Schleem das Feuer. – Dunkelrote Flammen steigen auf, tauchen die Umgebung in blutrotes Licht.

Mit erhobenem Kopf geht Schleem langsam an seinen Platz. Lauter Beifall. Klappern, Klimpern, Oh und Ah.

Kull tritt ans Feuer, wartet, bis der Beifall schweigt.

»Das war schön, nicht wahr? – Aber anstrengend. Sehr anstrengend. Früher, als ich noch jung und dumm wie ein Nashorn war, musste ich auch den Körper verrenken, um die Farbe des Feuers zu ändern. – Es geht auch leichter.«

Kull hält die Hand über das Feuer. Das Feuer brennt grün. – Oh! Ah! – Während alle in die grünen Flammen starren, sieht Dreibein, wie Kull mit der anderen Hand schnell unter den Umhang greift. – Er hält die Hand über das Feuer, es zischt, die Flammen brennen violett. Kulls kahler Kopf glänzt wie der Himmel am Abend. – Jetzt schnippt Kull mit der Fingern. – Helle weiße Funken sprühen aus dem Feuer. Nahestehende weichen erschrocken zurück. Kull bleibt stehen. Mit erhobenen Händen steht er im weißen Funkenregen. Funken prasseln auf ihn ein. Kull spürt den Schmerz nicht. Kull fängt nicht Feuer.

Als die Funken verglühen, scheint der Raum unter dem Felsdach dunkel und düster. Obwohl die Feuer brennen, obwohl die Sonne scheint. So hell war das Weiß, das aus dem Feuer gespritzt war.

Viel Lärm. Klappern, Klimpern. Knochen zersplittern, Hölzer zerbrechen. Hände klatschen auf Schenkel. Oooh! Aaah! Pfiffe der Freude. Rufe des Beifalls.

Kull hebt abwehrend die Hände. In den Lärm hinein ruft er: »Das war doch nichts! Ein Kinderspiel unter Schamanen. Der große Schamane Schleem hätte das auch zustande gebracht – wenn er gewollt hätte. Nicht wahr, so ist es doch?«

Kull lächelt Schleem honigsüß an und zeigt die schwarzen Zähne. Schleem blickt zu Boden. Eine Ader auf seiner Stirne schwillt an.

Kull wendet sich wieder den Sim-clan und Tui-clan zu. Er wartet, bis es ruhig ist.

»Das Wichtigste für den Schamanen sind Bilder. Bilder von Tieren. Der Schamane muss sie malen, damit die Welt im Gleichgewicht bleibt. Ich bin sicher, dass der große Schleem uns eine Probe seines Könnens zeigt. – An der Wand dort ist Platz.«

Schleem blickt zu Boden und schüttelt den Kopf. Er will nicht.

»Seht ihr!«, ruft Kull. »Euer schwacher Beifall hat Schleem beleidigt. Jetzt will er nicht mehr. So muntert ihn doch auf, lasst es hören!«

Tui-clan und Sim-clan lassen es hören: Klappern, Klimpern, Schreien, Pfeifen. – Schleem bleibt sitzen, starrt zu Boden. Will nicht.

Dreibein hört, wie Xan Schleem leise anzischt: »Du aufgeblasener Frosch! Ich habe für dich gesprochen und du hast ein Nashorn aus mir und aus dir gemacht. Wenn du jetzt nicht ...«

Mehr hört Dreibein nicht. Zu leise wird die Stimme. – Mit einem Ruck steht Schleem auf und geht zur Felswand. Mit einer scharfen Steinklinge beginnt er ein Bild in den Fels zu ritzen.

Die Menschen drängen näher heran, wollen sehen, wie Schleem zeichnet. Es ist nicht Platz für alle. Mit donnernder Stimme schafft Tl-Tl Platz. Platz für ihn selbst, für Kull, für Xan und für die wichtigen Jäger beider Herden. Die anderen stehen auf Zehenspitzen, machen die Hälse lang und schieben die Köpfe hin und her.

Dreibein sieht nichts. Hört nur das Kratzen auf Stein. Sieht Kulls Kopf, wie er ab und zu nach der Sonne sieht. Bald wird die Sonne hinter den Schwarzen Bergen verschwinden.

Schleem ist mit der Zeichnung fertig. Er tritt zur Seite. Kull hält den Kopf schief und blickt lange auf das Bild. Ernst sagt er: »Schleem macht gute Bilder. Ihr müsst entscheiden ...«

Kull drängt sich durch die Menschen zur anderen Seite des Raums. Wieder blickt er zur Sonne. Sie steigt zwischen zwei Bergspitzen hinab. – Kull reißt ein Fell von der Wand. Darunter sind Dreibeins Bärenköpfe. Rot bescheint die Sonne die Bären. Rot leuchten ihre Umrisse. Nur auf die Bären scheint die Sonne, sonst liegt der Raum unter dem Felsdach im Schatten.

Die Menschen drängen näher. Jetzt sieht Dreibein Schleems Zeichnung: ein laufender Steinbock. Die Blicke der Menschen gehen von den Bären hinüber zum Steinbock und wieder zurück zu den Bären. Blicke gehen vom Licht in den Schatten und wieder zurück ins Licht.

Dreibein erinnert sich, was Kull gesagt hat: »Viele Menschen können gute Bilder von schlechten nicht unterscheiden.« – Die Bären unterscheiden sich vom Steinbock. Die Bären sind im Licht. Der Steinbock ist im Schatten. Die letzten Sonnenstrahlen machen den Unterschied. – Kull hat den Zeitpunkt klug gewählt.

»Dieses Bild hat Dreibein gezeichnet«, sagt Kull. »Dreibein ist mein Helfer, mein Schüler. Die Bären waren nur ein erster Versuch.«

Viele Blicke richten sich auf Dreibein. Erstaunte Blicke, keine freundlichen, aber immerhin Blicke, die nicht durch Dreibein hindurchgehen. Dreibein fühlt sein Gesicht rot werden. Er freut sich. Er ist stolz, dass Kull seine Zeichnung gewählt hat, um den Zweikampf der Schamanen zu entscheiden.

Xan tritt zu Kull und streichelt den Umhang des Schamanen. »Verzeih«, sagt Xan und lächelt. »Du bist der bessere Schamane.«

Viel Lärm ist im Raum unter dem Felsdach. Die Menschen sprechen über die Bilder und über den Kampf zwischen Kull und Schleem, streiten ein wenig, lachen laut. Kinder schleichen auf das Bild der Bären zu. Sind sie nahe, erschrecken sie und laufen schreiend und lachend zurück.

Ein Mann kommt den Bach herauf, erreicht das Felsdach. Die Menschen am Rand verstummen, machen Platz für den keuchenden Mann. Es ist still, als der Mann in der Mitte des Raumes steht. Er ist einer der Jäger, die Vogelnase begleitet haben. Er atmet schwer und sagt: »Wir haben den Wisent erlegt. Doch das spitze Horn des Tieres hat Vogelnase in die Brust getroffen. Vogelnase ist tot ...«

Der Mann wirft die Knochenscheibe mit dem eingeritzten Wisent vor Kulls Füße.

9

Schweiß rinnt über Dreibeins nackten Körper und tropft in die Lacke am Boden. Die Hitze kommt von den Steinen am Feuer. So heiß ist es, dass Dreibein glaubt nicht mehr atmen zu können. Kull sitzt neben ihm. Kull gießt Wasser über die heißen Steine. Das Wasser zischt. Heißer, weißer Dampf, der nach Kiefernadeln riecht, schlägt Dreibein ins Gesicht.

Schon früh am Morgen haben Kull und Sprichtnicht eine Feuerstelle neben dem Bach gebaut, große Steine herumgelegt und das Feuer mit einer Steinplatte abgedeckt. Darüber wurde ein kleines Zelt aus Fellen aufgestellt.

Nun hocken Kull und Dreibein in der dunklen Fellhöhle, gefüllt mit heißer Luft, den Eingang verschlossen, nur ein Löchlein an der Decke ist offen, damit der Rauch abziehen kann.

Dreibein denkt an den vorigen Tag: Bald nach der bösen Nachricht über Vogelnases Tod waren Tui-clan und Sim-clan ihrer Wege gegangen. Trauer über Vogelnases Tod. Laute Klageschreie der Frauen. Angst in den Augen der Menschen, Angst vor mehr Unglück. Nicht einmal Kulls Knochenscheibe mit dem Wisent konnte Vogelnase schützen. Kein Vertrauen mehr in Kull. – Kull war zwar Schamane geblieben. Aber wie lange noch?

Kull legt Holz ins Feuer. Er wischt große Schweißtropfen von seinem Kopf, doch sofort bilden sich neue. Kull sagt: »Es sieht nicht gut aus. Tui-clan und Sim-clan haben ihr Vertrauen in mich verloren. Es wird schwer werden, es wiederzugewinnen. – Doch das ist nicht das Schlimmste. Schlimmer ist, dass Vogelnase tot ist. Schamanen leben allein. Sie haben nicht viele Freunde. Sie kennen nicht viele Menschen, mit denen sie lachen können, mit denen sie so sein können, wie sie sind. Vogelnase war einer davon. Vogelnase ist tot. Kull hat einen Freund weniger. Hat nicht mehr viele ...«

Schweiß rinnt über Kulls Gesicht. Dreibein ahnt, dass auch Tränen dabei sind. Tränen der Trauer. Dreibein sagt nichts. Er achtet Kulls Trauer. – Erst nach langer Zeit sagt Dreibein: »Kull? Xan und Schleem, auch Tl-Tl haben über Geister und Dämonen gesprochen. Gibt es die – drinnen in der Höhle? Du hast noch nie etwas darüber erzählt.«

Kull schüttelt den Kopf. »Ich habe viel Zeit in der Höhle verbracht. Ich kenne den Bauch des Berges gut, obwohl es immer noch Gänge gibt, von denen ich nicht weiß, wohin sie führen. Aber Geister und Dämonen habe ich noch nie gesehen. Ich habe auch keine Verwendung für sie. – Ich weiß, viele glauben daran. Sollen sie. Wenn ein Jäger glaubt, dass es Geister gibt, die ihn bei der Jagd begleiten, dann ist es gut. Der Glaube an den Geist macht den Jäger sicher und seine Hand zittert nicht, wenn er den Speer wirft. Wenn Angst vor Dämonen Menschen abhält etwas Dummes zu tun, wie zum Beispiel ein Nashorn jagen – was wirklich nashörnisch dumm wäre –, dann ist es auch gut. Vielleicht brauchen die Menschen Angst vor Dämonen und den Glauben an Geister, um das zu tun, was für sie gut ist. Geister und Dämonen – jeder, wie er will. Vielleicht gibt es sie. Ich verlasse mich nicht darauf. Kull verlässt sich auf sich selbst.«

Kull gießt wieder Wasser auf die Steine. Zischen. Weißer Dampf. Hitze. Dreibein schnappt nach Luft. Kull schwingt ein Fellstück über seinen Kopf, lässt es im Kreis sausen. Das drückt die heiße Luft nach unten. Dreibein stöhnt. Um nicht an die Hitze zu denken, fragt er: »Gestern, beim Kampf mit Schleem. Du warst immer freundlich, nie zornig, du hast Schleem sogar gelobt, hast die Menschen aufgefordert, nicht dir, sondern Schleem Beifall zu spenden. Das hat mich daran erinnert, was du über das Bild vom schwebenden Pferd auf der weißen Wolke gesagt hast. War das der Weg des schwebenden Pferdes?«

Kull blickt erstaunt auf. »Dreibein, du überraschst mich. Du stellst gute Fragen. Keine Nashornfragen mehr. – Nein. Leider nein. Der Weg, den das schwebende Pferd zeigt, sieht anders aus. Dieser Weg macht Freunde, macht Frieden. – Ich habe mir Feinde gemacht. Schleem, Xan ... Die Menschen haben über Schleem gelacht. Das war nicht gut. Das nimmt dem Menschen die Würde. Ein Sieg, der dem Gegner die Würde nimmt, bringt keinen Frieden. Bringt Feindschaft, Hass ... Das ist nicht der Weg des schwebenden Pferdes.«

Kull schüttelt nachdenklich den Kopf und brummt vor sich hin. »Auch Kull braucht Freunde ... aber jetzt braucht Kull frische Luft!«

Er reißt ein Stück Fell beiseite und lässt sich ins Freie rollen. Dreibein ihm nach.

Ah, Kälte. Wohlige Kälte. Die Kälte beißt nicht, tut nicht weh. Sie umstreicht angenehm die dampfenden Körper. Dreibeins Haut spürt die Kälte nicht, nur seine Augen sehen, dass es kalt ist. Bäume, Büsche und Gräser sind mit dickem Reif überzogen. Kahle Zweige sehen aus wie dünne Tiere im weißen Pelz. Pelz mit spitzen Haaren aus Eis.

Kull zerbricht eine dünne Eisschicht und legt sich in den Bach, lässt Wasser über seinen Körper fließen. Dreibein macht es ihm nach. Dreibein fühlt die Kälte des Wassers nicht. Wie ein Stein liegt er im Wasser, lässt den Bach seine Haut streicheln, hört ihn spritzen, schäumen, glucksen, rauschen, murmeln ...

Dreibein sitzt unter dem Felsdach und schlägt eine Mulde in einen flachen, länglichen Stein. Ein Stein für das Fettlicht.

Noch immer fühlt Dreibein die Wärme in seinem Körper vom Schwitzbad am Morgen. Wohlige Wärme. Gleich nachdem die Sonne den Reif von Bäumen und Büschen geleckt hatte, war Kull den Bach hinuntergegangen, wollte nach dem toten Wisent und dem toten Jäger sehen.

Dreibein glättet die Mulde im Stein und die scharfen Kanten am länglichen Teil, der zum Griff werden soll. Der Griff ist nötig, um das Licht zu halten, denn das Feuer im Stein macht den Stein heiß.

Dreibein blickt auf. Kull kommt zurück. Hinter ihm drei Jäger. Die Jäger des Wisents. Keiner spricht. In den Augen der Jäger sieht Dreibein, dass sie dem Schamanen die Schuld an Vogelnases Tod geben. Kulls Bild, Kulls Scheibe mit dem Wisent waren nicht stark genug, haben Vogelnase den Tod gebracht.

Die Männer brechen die Hornspitzen von ihren Speeren und zerschlagen sie mit Steinen. Dreibein tut es Leid um die schön geschnitzten Waffen. Kull wickelt Vogelnases Waffen in Tierhaut.

Der Schamane stellt schwarze Farbe bereit. Mit den Fingern ziehen die Männer schwarze Striche über ihr Gesicht. Von der Stirne hinunter zum Hals. Ein Strich neben dem anderen. Um die Augen werden schwarze Ringe gemalt.

Ernst und schweigend gehen Kull und die Männer in die Höhle. Dreibein bleibt allein unter dem Felsdach zurück. Kull will nicht, dass Dreibein mitkommt.

Das Warten dauert Dreibein zu lange. Er geht über den Platz vor dem Felsdach und besteigt mühsam einen Hügel. Von dort sieht Dreibein weit in das Tal des Großen Flusses. Oft kommt Dreibein hierher um Tiere zu beobachten.

Eine kleine Herde von schwarzen Rindern zieht durch das flache Land. Groß und stark sind die Tiere, langsam ihr Gang. Die Spitzen der weißen Hörner sind schwarz. Genau beobachtet Dreibein die Rinder, versucht ihre Formen in seinen Kopf zu zeichnen, um sie später an den Fels zu malen.

Plötzlich zieht etwas an Dreibeins Haaren. Erschrocken dreht er sich um. Kri steht da und lacht. Die Krähe auf ihrer Schulter krächzt.

»Na, Dreibein? Kann ich mich nicht gut anschleichen?«

Dreibein nickt und Kri spricht weiter. »Ach, ich möchte sooo gerne mit auf die Jagd gehen. Keiner in der Herde läuft schneller als ich, keiner schleicht leiser. Nur werfen kann ich nicht gut und ich weiß nicht, warum. Sieh her!«

Ungelenk wirft Kri einen Stein den Hügel hinunter. Er fliegt nicht weit. Zu flach der Bogen, zu steif Kris Bewegung. – Dreibein wirft. Auch er kommt nicht weit. Lockerer seine Bewegung, aber drei Beine geben keinen guten Halt am Boden, um die Kraft des Armes richtig einzusetzen.

»Weißt du«, sagt Kri, »wer beim Fest der Großen Frau beim Brauch der Hände teilnehmen darf, ist von da an kein Kind mehr. Jungen werden Männer und dürfen jagen. Mädchen werden Frauen und kriegen Kinder. Ach, Kinder kriegen ist ja sooo langweilig. Ich will jagen!«

Zornig wirft Kri einen Stein. Auch der Zorn verleiht dem Stein keine Flügel.

Dreibein zeigt auf die Rinderherde im Tal. »Warum macht ihr nicht Jagd auf die da unten?«

»Ach, Dreibein!«, ruft Kri. »Kull sagt dir aber schon gar nichts! – Rinder sind viel zu gefährlich. Schon die Jagd auf den Wisent kann dem Jäger den Tod bringen. Denk nur an Vogelnase. Und Rinder sind noch viel gefährlicher. Schnell mit den spitzen Hörnern, leicht reizbar und voll Angriffslust. Außerdem – die Tuiclan, die Rindermenschen, dürfen keine Jagd auf Rinder machen. So wie wir, die Pferdemenschen, keine Pferde jagen dürfen. – So, und jetzt muss ich hinunter zur Höhle ...«

Schon rennt Kri los.

»Kri!«, ruft Dreibein.

Kri bleibt stehen und dreht sich um.

»Warte auf deinen Schatten. Lauf ihm nicht davon.«

Kri lacht. Dann rennt sie noch schneller als zuvor. Dreibein hinkt langsam zum Felsdach zurück.

Die Jäger mit den schwarzen Streifen im Gesicht kommen aus der Höhle zurück. Kull ist nicht dabei. Wo ist Kull?

»Wo ist Kull?«, fragt Dreibein die Männer.

Die Männer scheinen Dreibein nicht zu hören, scheinen ihn nicht zu sehen. Sie gehen an Dreibein vorbei, den Bach entlang. Schon sind sie nicht mehr zu sehen.

Böse Bilder steigen in Dreibeins Kopf auf: Irgendwo in der Höhle liegt Kull in seinem Blut, mit eingeschlagenem Schädel. Die drei Jäger haben ihn getötet, weil er Schuld an Vogelnases Tod hat. – Kull ist wieder krank geworden. Starre und Zittern. Hockt in einem finsteren Winkel, kann nicht gehen, kann nicht heraus aus der Höhle. – Kulls Licht ist verlöscht. Kull tastet in der Finsternis umher. Findet den Weg nicht, stürzt in einen Abgrund. Kull liegt mit zerbrochenen Gliedern am Boden eines Schlunds.

Dreibein schüttelt den Kopf. Weg mit diesen Bildern. Oft und lange Zeit ist Kull in der Höhle und arbeitet. So auch jetzt!

Dreibein beginnt mit der Arbeit an einem neuen Fettlicht.

Es ist Nacht geworden. Zwei fertige Fettlichter liegen neben Dreibein. Kull ist noch immer nicht aus der Höhle zurück. Die bösen Bilder drängen wieder in Dreibeins Kopf. Dreibein entzündet eine Fackel und geht in die Höhle. Er geht Kull suchen.

Anders als sonst ist die Höhle. Dreibeins Angst um Kull verändert sie. Wachsende Steine werden zum Körper Kulls, der tot in einer Nische lehnt. Roter Fels wird zu Blut, das die Wand herunterrinnt, und Dreibeins Schritte hören sich an wie das Stöhnen des Schamanen. Die Höhle macht Dreibeins Angst größer.

Dreibein erreicht die Halle des Wisents. Keine Spur von Kull. – Doch! Am Wisent an der Wand sind Spitzen von Speeren eingekratzt. Weiß leuchten sie aus dem Schwarz und Rot des Tieres. An diesen Stellen wurde der Wisent draußen bei der Jagd getroffen, ahnt Dreibein. Hier in der Höhle hat sie Kull in das Bild geritzt.

Unter dem Wisent ist ein Viereck an die Wand gezeichnet. Striche teilen es in verschieden große Vierecke. Einige davon sind bemalt. Dreibein weiß nicht, wozu das Bild gut sein soll.

Noch etwas sieht Dreibein: Um den Wisent sind zerbrochene Speerspitzen in Felsritzen gesteckt. Andere liegen auf Vorsprüngen, stecken im Boden unter dem Wisent. Dreibein vermutet: Die Waffen, die das Tier getötet haben, müssen geopfert werden, müssen dem Wisent hier in der Höhle überlassen werden. Wegen des Gleichgewichts, würde Kull sagen.

Wo ist Kull? Nur Spuren von Kull, doch nirgends Kull selbst. – Dreibein wagt nicht, tiefer in den Berg zu gehen. Er geht zurück.

In der großen Halle der Bräuche sieht Dreibein Licht. Schnell versteckt er sich hinter Wachsenden Steinen und verlöscht seine Fackel. Nur die Spitze der Fackel glüht als roter Punkt. Durch Blasen würde sie Dreibein wieder zum Brennen bringen.

Der Lichtschein kommt aus Noo, dem verbotenen Schlund. Dreibein stockt der Atem. Niemand darf in den verbotenen Schlund klettern, darf Noo stören. Niemand darf es wagen, Noos Wut zu wecken. So hat es Kull der Schamane gesagt. Der Lichtschein wird heller, nähert sich dem oberen Rand des Schachts. Eine Gestalt klettert über die Kante. – Dreibein presst die Hand an seinen Mund, um nicht zu schreien. Es ist Kull, der aus dem verbotenen Schlund steigt.

Kull zieht ein Seil aus dem Abgrund, rollt es zusammen und versteckt es in einem Loch am Boden. Darüber schiebt Kull eine schwere Steinplatte.

Der Schamane geht quer durch die Halle, nahe an Dreibein vorbei. Kull sieht Dreibein nicht. Er geht dem Ausgang zu. Bald ist es finster um Dreibein.

Durch Dreibeins Kopf bläst kalter Wind, wirbelt durcheinander, was schön geordnet war. Zwar freut sich Dreibein, dass Kull am Leben ist, denn wo wäre Dreibein ohne Kull. Doch einem Schamanen, der Verbote bricht, der es wagt, Noo zu stören – kann er dem noch trauen? Tui-clan und Sim-clan haben ihr Vertrauen in Kull verloren. Auch Dreibein kommen Zweifel an Kull. Tränen steigen in seine Augen. Wem sonst in dieser Welt, die ihn nicht mag, wem sonst soll er trauen ...?

Lange Zeit sitzt Dreibein im Dunkeln. – Dann bläst er seine Fackel an und geht auf den Ausgang zu.

Kull schläft schon, als Dreibein ins Freie tritt. Dreibein ist froh, jetzt nicht mit Kull sprechen zu müssen.

10

Müde lehnt sich Dreibein an die Felswand seiner Höhle. In den vergangenen Tagen hat Dreibein Zeit gehabt, zu zeichnen. Viele Tiere bewegen sich an den Wänden: Hirsche laufen, Steinböcke stürzen, Rinder grasen, Wisente drohen, Nashörner kämpfen, Mammute stampfen, Löwen schleichen, Rentiere flüchten ...

Oft hat Dreibein nur Teile von Tieren gezeichnet. Köpfe, Hufe, Rücken. Immer und immer wieder, bis der Strich sicher geworden war. Tiere sind über andere Tiere gezeichnet und überschneiden sich, sonst wäre nicht Platz für alle in der kleinen Höhle. Und Dreibein weiß, er muss noch viele Tiere zeichnen.

Die Arbeit an den Bildern macht müde. Am schwierigsten sind Bilder hoch oben an der Decke. Oft muss Dreibein einen großen Stein unterlegen, um mit der Hand hinaufzugelangen. Dann steht er auf den Zehenspitzen des gesunden Fußes auf dem wackeligen Stein, stützt sich mit der Krücke ab, um das Gleichgewicht nicht zu verlieren, streckt Arm und Körper und biegt den Kopf in den Nacken. Felsteile und Farbstaub fallen in sein Gesicht und seine Augen. Nicht lange kann Dreibein in dieser Stellung arbeiten. Auch Bilder nahe am Boden, unter Felsüberhängen sind nicht leicht. Da kauert Dreibein in verrenkter Stellung am nassen, kalten Boden, stößt sich immer wieder den Kopf an einem Felsvorsprung und fühlt seinen Körper steif werden. Glatte Felswände, an denen Dreibein bequem sitzend oder stehend arbeiten kann, sind selten und schon mit vielen Bildern bedeckt.

Dreibein ist müde, aber zufrieden. Besser und schneller gelingen ihm die Tiere, sicherer wird sein Strich.

Dreibein hört Schritte. Kull betritt die kleine Höhle.

Immer sieht sich Kull die neuen Bilder an. Lange sieht er sie an, hält den Kopf schief, macht einen Schritt zurück, macht einen Schritt nach vor, führt das Licht an den Umrissen des Tieres entlang. Manchmal sagt Kull nichts, manchmal sagt er, was gut an den Bildern ist. Nie spricht er schlecht über Dreibeins Bilder. Manchmal greift Kull selbst zur Farbe und ändert einen Strich. Dann nickt er zufrieden, wenn er sieht, dass Dreibein verstanden hat.

Auch jetzt blickt Kull mit schief gelegtem Kopf auf einen neuen Wisent. Kull verkürzt den langen Leib des Tieres mit einigen Strichen. Jetzt erkennt auch Dreibein, dass ihm der Körper zu lang geraten war. Er schämt sich, dass er den Fehler nicht selbst gesehen hat.

»Du brauchst dich nicht zu schämen«, sagt Kull. »Der Wisent, den du gezeichnet hast, ist nicht falsch. Er ist anders. Es ist dein

Wisent. So siehst du ihn. Die Änderung, die ich gemacht habe, soll dir nur zeigen, wie ich den Wisent sehe. Mein Wisent, dein Wisent – keiner ist falsch, keiner ist richtiger als der andere.«

Dreibein weiß nicht so recht. Kulls Wisent scheint ihm doch mehr Wisent zu sein als seiner.

Nahe am Boden hat Dreibein das Viereck gezeichnet, das er in der Halle des Wisents gesehen hatte. Das Viereck, das in kleinere Vierecke geteilt ist, von dem Dreibein nicht weiß, was es bedeutet.

Kull sieht es und sagt: »Aha, das Zeichen des Teilens. Du möchtest wissen, was es bedeutet?«

Dreibein nickt.

»Große Beute muss aufgeteilt werden. Der Jäger, der das Tier erlegt hat, darf nicht alles für sich behalten. Er bekommt zwar den größten Teil, aber auch die Männer, die bei der Jagd geholfen haben, müssen etwas bekommen. Einen Teil auch für den

Ersten der Herde und einen Teil für den Schamanen. Menschen, die nicht selbst für sich sorgen können, werden mit Teilen der Beute versorgt: Alte und Kranke, die zu schwach zum Jagen sind, Kinder, die keine Mütter mehr haben ... Teilen der Beute ist wichtig, sonst teilt sich die Herde in Satte und Hungrige und die Menschenherde bricht entzwei.«

»Und Vogelnase?«, fragt Dreibein. »Er ist tot. Hat er auch ...?«

»Auch Vogelnase hat seinen Teil bekommen. Er wurde ihm ins Grab gelegt. So will es der Brauch. – Genug jetzt. Arbeit wartet auf uns. Heute Abend beginnt das Fest der Großen Frau.«

Warmer Wind weht von Mitternacht her. In der Dunkelheit flackern viele Feuer: Unter dem Felsdach, am Platz davor, entlang des Weges, der neben dem Bach hinunterführt. Sprichtnicht ist schon in die Höhle gegangen, um die große Halle der Bräuche und den Gang zu beleuchten. Kull steht unter dem Felsdach und wartet auf die Ankunft von Maramuum, der Großen Frau.

Bevor Dreibein die Große Frau sieht, hört er Musik. Hohe, helle Töne. Sie übertönen das Gemurmel vieler Menschen. Töne und Gemurmel kommen näher.

Dann sieht Dreibein die Große Frau. Niemand braucht ihm zu sagen, dass dies Maramuum, die Große Frau, ist. Maramuum ist groß, schwer und nackt. Ihr weiß bemalter Körper glänzt hell im Licht der Fackeln. Schwer hängen die vollen Brüste. Große Fleischwülste schwabbern an Rücken, Hüfte und Schenkeln. Straff gespannt ist ihr schwangerer Bauch.

Maramuum hat nicht den Kopf einer Frau – sie hat den Kopf eines Vogels. Der weiße Vogelkopf nickt im Takt der Musik.

Die Große Frau sitzt auf roten Fellen, hoch über den vielen Frauen, die unter ihr gehen. Wie auf einer roten Welle schaukelt Maramuum langsam auf das Felsdach zu. Ihr schweres Fleisch schaukelt, der Vogelkopf nickt.

Einige Frauen tragen Fackeln, andere blasen in hohle Knochen, in die Löcher gebohrt sind. Sie erzeugen die hohen, hellen Töne.

Unter dem Felsdach bleibt die rote Welle mit Maramuum stehen. Jetzt sieht Dreibein, dass die Große Frau auf einem Holzgestell sitzt, das mit Fellen bedeckt ist. Unter den Fellen sind Männer, die das Gestell langsam zu Boden stellen. Die Musik der hohlen Knochen schweigt.

Wie es der Brauch verlangt, wird die Höhle betreten: Zuerst Kull. Dann Maramuum. Sie wird von zwei Frauen gestützt. Sie kann nicht allein gehen, zu schwer ist ihr großer Körper, zu schwach ihre kleinen Füße. Dann folgen die anderen Frauen, viele mit kleinen Kindern auf dem Rücken. Dann eine Gruppe von Jungen und Mädchen. Kri ist darunter. Sie winkt Dreibein zu. Tl-Tl und Xan sind die Nächsten. Dann Schleem. Mit dem Finger drückt er den roten Punkt auf den steinernen Wächter. Es ist das erste Mal, dass er die Höhle betritt. Dann folgen Männer und Kinder. Zuletzt kommt Dreibein – in sicherem Abstand, denn Dreibein sieht Feuerhaar unter den Männern.

Viele Feuer brennen in der Halle der Bräuche. Alle Bilder an der großen Felswand sind zu sehen. Dreibeins Blicke wandern die Bilder entlang und Dreibein sieht, dass die vielen Tiere Teil eines großen Bildes sind: zwei Tierherden, die beim schwebenden Pferd aufeinander treffen. Es fällt Dreibein schwer, seine Blicke abzuwenden.

Am Hügel in der Mitte der Halle sitzt Maramuum, starr wie ein weißer Wachsender Stein. Um sie herum stecken in der Erde kleine, rot bemalte Steinfiguren. Sie sehen aus wie die Große Frau selbst: Vogelkopf auf dem schweren, vollen Leib. Rund um den Hügel stehen die Frauen, weiter weg die Männer, entlang den Wänden der Halle.

Von den Wachsenden Steinen kommen Töne von Sprichtnichts Schlägen. Lange halten die tiefen Töne an, schwingen durch den Raum und hallen leise zurück. Erst wenn der Ton verklungen ist, schlägt Sprichtnicht den nächsten. Jetzt mischen sich die hellen Töne der hohlen Knochen darunter. Langsam der Takt, langsam wiegen die Frauen ihre Körper, langsam nickt Maramuums Vogelkopf. Selbst die Tiere an den Wänden gehorchen dem Takt der Musik – langsam laufen die Pferde, langsam stampfen die Rinder.

Dreibein schließt die Augen, lässt die Töne in seinen Körper, spürt, wie Herzschlag und Atem dem Takt der Musik folgen. Dreibein weiß jetzt, wonach Sprichtnicht lauscht, wenn er da sitzt und die hohle Hand hinter das eine Ohr legt: Sprichtnicht lauscht der Musik, die von irgendwoher kommt, die nur er hören kann. Die spielt er jetzt auf den Wachsenden Steinen.

Aus dem Vogelkopf kommt Maramuums Stimme. Sie singt mit hellen, hohen Tönen, lang gezogen, klagend. Schmerz und Traurigkeit der Welt singen aus ihr. Dreibein fühlt es, obwohl er die Sprache der Großen Frau nicht versteht.

Langsam tanzen die Frauen den Hügel hinauf, umringen Maramuum, wiegen sich im Takt der Musik, im Takt des Gesangs. Sie ziehen die kleinen Steinfiguren aus der Erde und halten sie an den schwangeren Bauch der Großen Frau.

Noch ein Klagelaut von Maramuum, dann schweigt sie. Ein letzter Ton von den Wachsenden Steinen verklingt. Ganz still ist es in der großen Halle. Langsam gehen die Frauen den Hügel herunter, jede presst eine Steinfigur an ihren Leib.

Beifall klappert und klimpert von Hölzern, Knochen und Steinen. Wie lauter Donner rollt es durch die Höhle.

Während des Gesangs hat Dreibein nur auf Maramuum und die Frauen gesehen. Jetzt blickt er um sich. Ihm scheint, dass Feuerhaar näher an ihn herangerückt ist. Dreibein kann von seinem Platz nicht weg. Hinter ihm die Höhlenwand, neben und vor ihm zu viele Menschen. Drei Beine brauchen viel Platz zum Gehen. Doch Feuerhaar beachtet Dreibein nicht. Vielleicht hat sich Dreibein nur getäuscht.

Sprichtnicht macht wieder Musik. Mit einem Ton nur. Immer an die gleiche Stelle der Steine schlägt Sprichtnicht.

Kri und die anderen Mädchen und Jungen sammeln sich am Platz vor Noo, dem verbotenen Schlund. Die weiße Wand hinter dem Abgrund ist erleuchtet. Zum ersten Mal sieht Dreibein, dass Hände darauf gemalt sind. Rote und schwarze Hände. Vielen roten Händen fehlen Finger.

Ein Junge der Gruppe tritt vor, tritt auf Kull zu. Kull bemalt eine Handfläche des Jungen mit schwarzer Farbe. Dann geht der Junge auf die schmale Felskante zu, die zwischen der Wand der Hände und dem Abgrund liegt. Vorsichtig und zögernd betritt er den Felsvorsprung. Gesicht zur Wand, den Körper an den Fels gepresst. Die Füße gehen seitwärts in kleinen Schritten.

Schneller schlägt Sprichtnicht die Töne. Schlägt so schnell, wie das Herz des Jungen schlägt, denn Dreibein sieht, dass der Junge Angst hat. Ein falscher Schritt, ein lockerer Stein und der Junge stürzt in Noos tiefen, finsteren Schlund. Und Noo mag nicht gestört werden.

Der Junge hat die schwarzen Hände erreicht. Ganz schmal ist dort das Felsband, ganz schnell kommen Sprichtnichts Töne. Der Junge klatscht die Handfläche auf einen freien Platz am Felsen. Die Musik setzt aus. Der Junge nimmt die Hand vom Fels – feucht glänzt der schwarze Abdruck am Stein.

Viele helle Töne plätschern wie ein springender Bach durch die Halle, während der Junge – nein, Mann jetzt – sicher den Weg zurück schafft. Aufatmen und Klappern und Klimpern. Der nächste Junge tritt auf Kull zu ...

Was Dreibein sieht, macht ihn traurig. Den schmalen Weg neben dem Abgrund würde er mit drei Beinen nie gehen können, würde nie zur Herde der Sim-clan oder Tui-clan gehören ... Doch zugleich ist Dreibein stolz – auch er hinterlässt Bilder. Bilder von Tieren an den Wänden seiner kleinen Höhle. Vielleicht würde ihm Kull eines Tages erlauben ...

Dreibein schreckt zusammen. Feuerhaar steht ganz in seiner Nähe und grinst zu Dreibein herüber. Böse grinst er durch seinen struppigen, roten Bart. Dreibein weiß, solange Menschen um ihn sind, würde Feuerhaar ihm nichts tun, doch dann, wenn die Halle leer ist ... Dreibein muss versuchen, inmitten der Menschen die Höhle zu verlassen. Muss den richtigen Zeitpunkt finden. Jetzt kann er nichts tun ...

Drei neue, schwarze Hände glänzen an der weißen Wand. Drei neue Jäger sind in die Menschenherde aufgenommen.

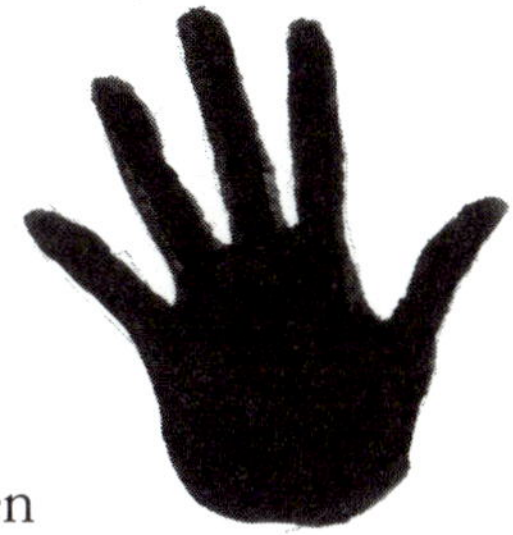

Schon klettert das erste Mädchen über den schmalen Felsrand. Zaghaft, ängstlich. Bei den roten Händen steht in einer Felsnische ein Gefäß mit roter Farbe. Das Mädchen legt die Handfläche auf den Fels und knickt den Zeigefinger ein. Mit der anderen Hand befeuchtet das Mädchen seine Lippen mit roter Farbe und bläst die Farbe auf die Hand. Immer wieder. Dann nimmt es die Hand vom Fels. Im roten Kreis ist die Hand in der hellen Farbe des Steins zu sehen. Der Zeigefinger – ein kleiner Stummel. Die nächsten Mädchen knicken andere, auch mehrere Finger ein, hinterlassen Hände mit verschiedenen Fingerstummeln.

Zum Schluss kommt Kri. Kri ist die Ausnahme. Kull bemalt ihre Handfläche rot. Leichtfüßig und sicher erreicht Kri die Stel-

le mit den roten Händen. Sie klatscht ihre Hand auf den Fels. – Rote Hand auf weißem Fels. Daneben: viele weiße Hände auf rotem Fels.

Gemurmel unter den Menschen. Niemand versteht die Ausnahme. Auch Dreibein nicht. Nur Kull weiß. Aber Kull sagt nichts. Kull gibt das Zeichen zum Aufbruch.

In der gleichen Reihenfolge, in der die Menschen gekommen sind, gehen sie wieder: Kull, die Große Frau, die neuen Männer und Frauen ...

Als Tl-Tl und Xan dem Ausgang zugehen, weiß Dreibein – jetzt! Sonst erwischt ihn Feuerhaar. Doch schon steht Feuerhaar vor ihm, dreht ihm den Rücken zu, tut so, als ob er nur zufällig da stünde. Dreibein macht einen Schritt zur Seite, will seitlich an Feuerhaar vorbei. Auch Feuerhaar macht einen Schritt zur Seite, versperrt Dreibein den Weg. Zur anderen Seite – Feuerhaar ist schon da, lässt Dreibein nicht weg. Dreibein weiß, drei Beine sind zu langsam. Drei Beine können Feuerhaar nicht entwischen.

Schon gehen die letzten Männer aus der Halle. Es wird dunkel, die Feuer sind fast niedergebrannt. Dicke Rauchschwaden hängen in dem großen Raum. Feuerhaar dreht sich um und drängt Dreibein in eine Felsnische. Feuerhaar lacht und lässt Dreibein sehen, dass er keine Vorderzähne hat.

»Das war doch ein schönes Fest, nicht wahr, du kleines, dreckiges Krüppelbein? Und jetzt werden wir beide ein noch viel lustigeres Fest feiern.«

Dreibein drückt sich eng an den Fels und hält die Krücke vor sich, um den ersten Schlag abzuwehren.

Plötzlich eine Stimme hinter Feuerhaar.

»Ja, es war ein schönes Fest.«

Zornig dreht sich Feuerhaar um. Schleem steht da. Mit dem Schamanen Schleem will sich Feuerhaar nicht anlegen. Zornig vor sich hin murmelnd geht er dem Ausgang zu.

Schleem kommt auf Dreibein zu. Schleem lächelt und blickt Dreibein mit einem eigenartigen Blick an. Wie schon bei der ersten Begegnung kann Dreibein den Blick nicht deuten. Dreibein mag Schleems Blick und Lächeln nicht. Schleem sagt: »Ein gefährlicher Mann, dieser Feuerhaar. Zornig und gefährlich. Nimm dich vor ihm in Acht.«

Dreibein sagt nichts.

Gemeinsam gehen Schleem und Dreibein auf den Ausgang der Halle zu. Unterwegs sagt Schleem: »Ich habe gehört, dass du die Bilder deiner Vergangenheit nicht sehen kannst. Ist das richtig?«

»Ja«, sagt Dreibein, »immer wenn ich die vergangenen Bilder suche, steigt roter Staub auf. Ich kann mich an nichts erinnern.«

»An gar nichts?«

»An gar nichts. Nicht an meine Herde, meine Mutter ... an nichts.«

Schleem nickt. Seine vielen Zöpfchen nicken mit.

»Roter Staub, sagst du? Hmmm. Vielleicht gibt es einen Zauber, der dich heilen kann. Ich werde die Geister befragen ...«

Ohne zu sprechen gehen beide durch den Gang dem Ausgang zu. Dreibein versteht nicht. Warum ist der Schamane so freundlich zu ihm? Warum hat er Dreibein vor Feuerhaar gerettet? Schleem, der große Schamane, warum beachtet er den Jungen, der nur auf drei Beinen gehen kann, der für die anderen nicht da ist? Außerdem – Dreibeins Bären waren stärker gewesen als Schleems Steinbock. Schleem müsste doch zornig auf ihn sein. Dreibein versteht es nicht. Er traut Schleems Freundlichkeit nicht. Schleem macht ihm Angst.

Draußen unter dem Felsdach hat es Schleem sehr eilig. Rasch entzündet er eine Fackel und läuft den Bach hinunter, hinein in die Nacht, den anderen nach.

Nur Kull und Sprichtnicht sind unter dem Felsdach geblieben.

Von weitem hört Dreibein die Stimmen der Tui-clan und Sim-clan. Leiser werden ihre Stimmen.

Kull sieht schlecht aus. Krank. Starre im Gesicht, Zittern der Hände. Schwarzer Speichel rinnt aus seinem Mund. Mit Mühe winkt Kull Dreibein zu sich. Kull kann nur zischend und leise sprechen.

»Geh hinunter zur Höhle der Sim-clan ... Die Große Frau ... will mit dir sprechen.«

Kull schließt die Augen und fällt zurück auf sein Lager. Sagt nichts mehr, zittert nur.

11

Viel lieber würde Dreibein Steine zu Staub zerschlagen. Große Berge von roten, gelben und schwarzen Steinen würde Dreibein zerschlagen, bevor er hinunter zur Höhle der Sim-clan geht. Dort ist Feuerhaar, der Dreibein wehtun möchte, dort ist Tl-Tl, der keine Krüppel duldet, dort sind die vielen Augen, die Dreibein nicht sehen. Doch Dreibein muss. Kull will es so. Sprichtnicht geht mit Dreibein.

Die Nacht ist hell und warmer Wind bläst von den Schwarzen Bergen. Der Weg ist steinig und steil und Dreibein hat große Mühe, den Weg mit der Krücke zu gehen. Oft muss ihm Sprichtnicht helfen. Er stützt ihn oder trägt Dreibein für eine kurze Strecke des Weges. Oft bleibt Dreibein stehen um zu rasten.

Während einer Rast beginnt Sprichtnicht zu sprechen. In Sprichtnichts Art, mit den Händen, mit dem Körper. Schon öfter hat Sprichtnicht mit ihm gesprochen, immer besser versteht Dreibein seine Sprache. Sprichtnicht sagt: Hohle Hand, Wellenlinie – in der Höhle der Pferdemenschen – ausgebreitete Arme, Hand zum Mund, kauen – gibt es viel zu essen.

Ausgebreitete Arme, Faust mit ausgestrecktem Daumen an die Lippen, Kopf im Nacken. – Es gibt auch viel zu trinken.

Drei ausgestreckte Finger zeigen zu Boden, ausgebreitete Arme, Hand zum Mund, kauen, Nicken des Kopfes. – Dreibein darf essen, so viel er will.

Drei gestreckte Finger zeigen zu Boden, Faust mit ausgestrecktem Daumen an die Lippen, Schütteln des Kopfes.

»Warum soll ich nichts trinken?«, fragt Dreibein.

Zeigefinger auf Dreibein, Handfläche auf die Stirne, Daumen der gespreizten Hand an die Nase.

Dreibein lacht. – Sicher würde er den Rat befolgen, er will doch nicht dumm wie ein Nashorn werden.

Sprichtnicht geht weiter. Langsam hinkt Dreibein hinter ihm her.

Nicht mehr weit ist es zur Höhle der Sim-clan. Dreibein hört schon Lachen und Schreien. Sieht schon Feuerschein hinter einer Krümmung des kleinen Tals.

Übler Geruch kommt von einer Mulde neben dem Weg. In der Mulde sind Knochen, Fleischreste, alte Häute, Menschenkot, Abfall. Schwärme von Fliegen steigen auf wie Wolken, summen und surren, setzen sich wieder auf den Abfall in der Mulde.

Nach einer Biegung des Weges steht Dreibein vor der Höhle der Pferdemenschen. Hoch und breit das Felsdach. Groß genug für alle Sim-clan und Tui-clan. Viele Feuer brennen unter dem Felsdach. Um die Feuer hocken die Menschen dicht beieinander. Sie reden, lachen, schreien, streiten und warten, bis das Essen fertig ist.

Es riecht gut. Fleischstücke werden auf Stangen über dem Feuer gedreht. Fett tropft zischend in die Glut. Fische, in Blätter gerollt, schmoren in der Asche. Fettstreifen brutzeln auf glühenden Steinen. Pilze, Beeren, Wurzeln, Kräuter und Früchte dünsten in ausgehöhlten Steinen. In große Beutel aus Tierhäuten werden heiße Steine gelegt, bis Suppen und Brühen dampfen.

Sprichtnicht hockt sich zu einem der Feuer und nimmt sich zu essen. Dreibein bleibt am Rand des Felsdaches und wartet, bis die Große Frau ihn ruft. Er kann sie nirgends sehen.

Dreibein sieht Feuerhaar, der böse zu ihm hersieht. Die anderen beachten Dreibein nicht, sprechen nicht mit ihm, machen einen Bogen um den Platz, an dem er sitzt.

Kri sieht Dreibein. Sie winkt ihm zu und kommt bald darauf mit Essen zu ihm. Auf einem flachen Holz bringt sie Entenstücke mit Honig bestrichen, Lachs mit Nüssen und roten Beeren, gebratene Pilze, dampfende Äpfel, knusprige Fettstreifen, Rehfleisch mit heißem Knochenmark und frischen Kräutern belegt.

Kri setzt sich zu Dreibein. Beide essen. Alle anderen essen. Es wird ruhig unter dem Felsdach. Mit vollem Mund ist nicht gut reden und lachen. Nur Schmatzen, Schlürfen, Kauen und Krachen von Knochen begleitet das große Essen. Zufriedenes Stöhnen. Lustvolles Grunzen. Ab und zu ein erleichternder Rülpser, hin und wieder ein lauter Furz. Bäuche füllen sich, satte Gesichter glänzen fettig.

Viel essen macht Durst. Durst wird mit einem braunen, schäumenden Getränk gelöscht. Kri bringt Dreibein einen Becher. Dreibein kostet nur. Es schmeckt süß und Dreibein könnte mehr davon trinken. Aber Dreibein denkt an Sprichtnichts Warnung.

»Das ist Mau«, sagt Kri. »Wird aus Honig und Beerensaft und was weiß ich noch gemacht. Wer viel davon trinkt, wird lustig. Wer zu viel trinkt, wird dumm.«

Kri füttert ihre Krähe mit den Resten des Essens. Dreibein sagt: »Heute, beim Brauch der Hände, drinnen in der Höhle. Ich verstehe so vieles nicht: Warum knicken die Mädchen die Finger ein, sodass Hände mit Stummelfingern entstehen?«

»Das ist leicht«, sagt Kri. »Die Handzeichen sagen, von welcher Mutter jedes Mädchen geboren wurde. Mein Zeichen und das meiner Mutter und das von Maramuums Mutter und so fort ist die Hand mit den fünf ausgestreckten Fingern. Andere Mädchen und deren Mütter haben andere Zeichen. Nur wir Frauen dürfen das Zeichen der Abstammung am Fels hinterlassen.«

Kris Krähe ist satt, will sich nicht mehr füttern lassen. Sie steckt den weißen Kopf in den Becher mit Mau, legt den Kopf zurück und lässt den Schluck hinunterrinnen. Sie stellt ihre Federn auf und krächzt und krächzt und krächzt ...

Unter dem Felsdach ist das Sprechen lauter geworden, schriller das Lachen, spitzer die vergnügten Schreie. Mau macht lustig.

»Maramuum wird bald nach dir rufen«, sagt Kri. »Meine Mutter ist heute schlechter Laune. Doch das ist sie in letzter Zeit immer. Vielleicht liegt es daran, dass ich ihr nicht nachfolgen will, nicht Große Frau werden möchte. Alle sagen zwar, dass Maramuum sooo schön ist, das viele Fleisch, die großen Brüste – doch ich will nicht so werden wie sie. Ich will laufen können, will mich nicht stützen lassen beim Gehen. Immer sagt sie mir, ich soll mehr essen, soll nicht so viel laufen, damit auf meinen Knochen mehr Fleisch wächst ...«

Kri lacht. Sie zeigt ihre schlanken Arme und Beine.

»Bei mir hilft alles nichts. Selbst wenn ich jeden Tag einen ganzen Mammut esse, ich bleibe nun einmal dünn. Bin mehr wie meine dürre Mannmutter Kull, bin nicht so schön rund wie Maramuum. Und dann ...«

Ein Mann kommt auf Kri zu. Er kann nicht mehr richtig gehen. Immer wieder verliert er das Gleichgewicht, torkelt zur einen, dann zur anderen Seite. Schwankend bleibt er vor Kri stehen.

»Ahhh, die kleine Kri«, sagt er. Seine Zunge ist schwer und er lallt beim Sprechen. »Heute bist du also Frau geworden ... Lass einmal sehen ...«

Er greift nach Kri. Er greift ins Leere. Kri ist schneller gewesen. Der Mann verliert das Gleichgewicht und fällt zu Boden. Kri schüttet die Reste des Essens über ihn, gießt Mau über seinen Kopf. Dann schlägt sie mit dem flachen Holz auf seinen Rücken ein und schimpft laut: »Du Nashornschwanz! Du dreckiger Nashornschwanz! Du dreckiger, stinkender Nashornschwanz! Du ...«

Bei jedem Nashornschwanz saust das Holz auf seinen Rücken. Kreischen und Gelächter der Zuseher. Aufmunternde Zurufe. Der Mann kriecht auf Händen und Füßen davon. Dann setzt er sich auf, grinst verlegen und zupft Reste des Essens aus dem Haar. Zu viel Mau macht dumm.

»Und dann«, spricht Kri weiter, als wäre nichts geschehen, »dann quält mich Maramuum mit ihren Heilkräutern. Ich soll sie lernen. Alle. Wie man sie zubereitet, wie man damit heilt.

Huflattichblätter bei Vollmond kochen
Trink's heiß
's treibt Schweiß
Und heilt die Schmerzen in den Knochen.

Viele, viele solcher Sprüche kennt meine Mutter. Die sagt sie mir vor, den ganzen Tag lang, hämmert sie in meinen Kopf. – Sooo langweilig. Ich möchte lieber ...«

»Dreiibeiin!«

Schrill kommt die Stimme aus dem hinteren Teil der Höhle.

»Maramuum«, flüstert Kri. »Sie ruft dich. Vergiss nicht, ihr zu danken, sie hat die Heilkräuter für dein krankes Bein geschickt. Jetzt aber schnell, lass sie nicht warten.«

Unter dem Felsdach ist es ruhig geworden. Nur mehr Flüstern. Niemand wagt laut zu sprechen, wenn die Große Frau spricht. So schnell es geht, hinkt Dreibein tiefer in die Höhle hinein. Einige Frauen machen leise kichernd Platz für ihn. Dreibein hat Angst zu fallen. Es ist dunkel und überall liegen Knochen und Reste von Essen. Fast fällt Dreibein über einen Mann, der grunzend am Boden liegt. Viel zu viel Mau.

»Dreiiibeiiin!«

Noch lauter der Schrei als zuvor. Er kommt aus einer Öffnung im Fels. Aus dem Felsspalt läuft ein Mädchen, blickt ängstlich zurück. Hinter ihr kommt ein großes Stück Fleisch geflogen.

»Zäh! Zähes Fleisch!«, schreit es schrill aus dem Felsspalt. »Du verschleimte, krächzende Sumpfdrossel! Wage es nur nie wieder, mir zähes Fleisch zu bringen! Zart muss es sein, zart und knusprig. Und bring mir mehr Mau! Hörst du?«

Ein Holzbecher kommt geflogen. Noch nicht genug Mau. Noch nicht lustig.

Dreibein hofft, dass nichts mehr geflogen kommt, und geht durch die Öffnung im Fels, betritt die Höhle Maramuums.

Klein ist die Höhle und sie sieht nicht nach Höhle aus. Boden und Wände sind mit Fellen bedeckt. Weiche, dicke Felle. Nur an der hohen, runden Decke ist Fels zu sehen. Fettlichter erleuchten den Raum. Die Luft ist süß und schwer.

Durch Rauchschwaden sieht Dreibein die Große Frau. Sie sitzt auf vielen Fellen, hat sich selbst in weißes Fell gehüllt. Kein Vogelkopf mehr. Auf ihrem Kopf steht dichtes, krauses Haar nach allen Seiten weg. Die fleischigen Wangen sind gelb bemalt. Schwarze Ringe rund um die Augen. Viele Ketten um ihren Hals. Aus Maramuums Nase und Mund quillt weißer Rauch.

Dreibein erschrickt. Brennt Feuer in der Großen Frau? Doch dann sieht Dreibein: Maramuum steckt einen Stängel aus zusammengerollten Blättern in den Mund. Sie saugt Luft an und das Ende des Stängels glüht rot. Dann stößt sie Rauch aus Mund und Nasenlöchern.

Ganz leise und an die Felswand gedrückt war Dreibein eingetreten. Erst jetzt sieht ihn die Große Frau.

»Ah, Dreibein! Da bist du ja endlich. Komm näher!« Maramuum winkt Dreibein zu sich heran.

Zaghaft macht Dreibein einige Schritte auf die Große Frau zu.

»Nun komm schon. Näher, näher!«, ruft Maramuum ungeduldig und blinzelt mit den Augen, die schlecht sehen.

Nahe bei ihr sieht Maramuum auf Dreibeins Fuß, der kein Fuß mehr ist, betastet den Stummel.

»Gut. Gut verheilt«, sagt die Große Frau.

Schnell sagt Dreibein: »Ja, deine Heilkräuter haben sehr geholfen. Ich danke dir, Große Frau.«

Kurzes Lächeln, zufriedenes Nicken. Maramuum stößt Rauch aus und sagt: »Danke mir nicht, tu etwas für mich. Hör zu: Kull. Kull ist ein guter Schamane. Freilich, jetzt sind die Menschen unzufrieden mit ihm, schimpfen über ihn, wenn er es nicht hört. Sie sprechen auch schlecht über mich, ich weiß es. So sind die Menschen. Heute, zum Beispiel, beim großen Fest: Nackt, ohne warmes Fell durch die Nacht getragen zu werden – glaubst du, das ist ein Vergnügen? Dann der beschwerliche Weg in die Höhle und wieder zurück. Du hast ja gesehen, wie schwer ich gehe. Das alles nehme ich auf mich, damit Frauen leicht gebären, viele und gesunde Kinder bekommen und genügend Milch haben. Und wie danken mir das die Menschen? Mit zähem Fleisch. Du hast es selbst gesehen. Zähes Fleisch haben sie mir gebracht.«

Zornig zerstampft die Große Frau den rauchenden Stängel auf einer Steinplatte. Dann ein lauter Schrei, der Dreibein in den Ohren schmerzt.

»Mauuu! Wo bleibt mein Mau? Oder soll ich hier verdursten?«

Ein Mädchen kommt. Mit zitternder Hand stellt es einen Becher neben Maramuum, verschüttet etwas Mau.

»Du ungeschickte, zitternde Bachstelze!«, schreit Maramuum und wirft einen Knochen nach dem Mädchen. Schnell rennt das Mädchen aus der Höhle.

Maramuum seufzt. Sie macht einen großen Schluck und wischt sich mit der Hand über die Lippen, schmiert das Gelb ihrer Wangen quer über das Gesicht.

»Wo war ich? – Ach, ja. Kull. Der Schamane macht seine Sache schon richtig. Sim-clan und Tui-clan wissen gar nicht, was sie an Kull haben. Wollen einen anderen, diesen ... diesen ... wie heißt er doch ... diesen Schleem. Zum Lachen. Ein aufgeblasener Auerhahn ist das. Kull ist schon richtig. Aber – Kull ist krank. Du wirst es schon gesehen haben: Zittern der Hände und der schwarze Speichel. Das kommt vom Staub, der aus schwarzen Steinen gemacht wird. Der Staub ist Gift. Nicht Gift, das schnell tötet, es ist Gift, das langsam, ganz langsam und qualvoll tötet. – Du weißt, Kull nimmt den Staub in den Mund und spuckt ihn mit dem Speichel in den Malbecher. So kommt das Gift in seinen Körper. Kull sagt, er braucht das Schwarz der Steine. Es macht seine Augen scharf und lässt ihn leichter ein Tier im Fels erkennen. Macht seine Hand sicher, auch hält die Farbe besser am Fels. Dummes Erpelgeschnatter. Kull kann auch malen, ohne Gift in den Mund zu nehmen.«

Maramuum taucht eine ausgelöste Nuss in Honig und steckt sie in den Mund. Noch eine. Und noch eine. Dann ein großer Schluck Mau. Kauend spricht die Große Frau weiter.

»Ich habe es Kull schon oft gesagt. Er hört nicht auf mich. ›Weibergeschwätz‹ und ›Nashorngegrunze‹ sagt er dann. Sag du es ihm. Vielleicht hört er auf dich. Kull mag dich. Wenn Kull nicht mit dem schwarzen Staub aufhört, haben wir bald keinen Schamanen mehr. Und eine Menschenherde ohne Schamane, das geht nicht gut. Da bricht Dunkelheit herein ... Dreibein, du musst mit Kull darüber reden, musst ihn überzeugen, musst versuchen, die Gefahr, in der er schwebt, in seinen harten, kahlen Schädel zu hämmern.«

Dreibein nickt eifrig. Doch er zweifelt, ob ihm das gelingen wird. Kulls Schädel ist sehr hart.

»Genug jetzt«, sagt Maramuum und gähnt. »Du kannst gehen.«

Als Dreibein den Ausgang erreicht, schläft Maramuum schon. Weit ausgebreitet über die Felle liegt ihr aufgequollener Körper. Die Große Frau schnarcht leise.

Auch unter dem Felsdach ist es still. Die Feuer sind niedergebrannt, glühen noch rot. Kalter Rauch hängt an der schwarzen Decke. Schwärme von Fliegen summen über den Resten des großen Essens. Einige Ratten huschen über die schlafenden Leiber der Menschen.

Sprichtnicht ist noch wach. Er sitzt da, Augen geschlossen, die hohle Hand hinter dem Ohr. Sprichtnicht lauscht der Musik, die Dreibein nicht hören kann. Dreibein wartet, lässt Sprichtnicht lauschen. Nach kurzer Zeit steht Sprichtnicht auf. Dreibein fragt: »Schöne Musik?«

Traurig schüttelt Sprichtnicht den Kopf und spricht mit den Händen: Töne des Todes und der Dunkelheit, Klänge des Unglücks und der Gefahr. Keine schöne Musik ...

Als sich Dreibein und Sprichtnicht auf den Rückweg machen, dämmert schon der Morgen.

12

Dreibeins Krückstock ist zerbrochen. Den Weg zurück von der Höhle der Sim-clan hat er nicht überstanden. Knapp unterhalb der Astgabel war er abgebrochen.

Missmutig sitzt Dreibein unter dem Höhlendach und muss warten, bis Sprichtnicht ihm eine neue Krücke bringt. Zwar kann Dreibein mit dem Fußstummel auftreten, aber sein Schritt ist unsicher und langsam. Er muss beim Gehen den Körper winden und krümmen, das macht schnell müde und der Rücken schmerzt. Zwei Beine reichen nicht. Dreibein muss auf sein drittes Bein warten.

Kull ist nicht da und Dreibein hat keine Arbeit. Seine Hände sind es nicht gewohnt, still zu halten. Lustlos spielt Dreibein mit der Astgabel des abgebrochenen Krückstocks. Er legt einen Zweig in die Astgabel und wirft damit den Zweig. Erstaunt blickt Dreibein dem Zweig nach. Der Zweig ist weiter geflogen, als wenn ihn jemand stehend mit der Hand geworfen hätte. Dreibeins schlechte Laune ist weg. Er sucht einen neuen Zweig, länger, gerader muss er sein. Legt ihn in die Astgabel, schleudert. Noch weiter fliegt der Zweig, schwirrt durch die Luft, bohrt sich wie ein Speer in den weichen Boden in der Nähe des Baches.

Vergessen sind der Fußstummel und der schmerzende Rücken. Dreibein springt auf, probiert verschiedene Zweige, verschiedene Astgabeln aus. Er verkürzt ein Ende der Astgabel, schneidet Kerben in das Ende der Zweige. Schleudert, wirft. Immer wieder. Schreit vor Freude auf, wenn der Zweig – nein, der Speer – besonders weit fliegt.

Doch nicht jeder Wurf gelingt. Manchmal steigt der Speer

hoch, verbrau[illegible] dann müde nur wen[illegible] den. Manchmal flie[illegible], am Gras, fällt bal[illegible] lingt Dreibein ein [illegible] tigen Augenblick lo[illegible] chen Bogen dahin, f[illegible] Erde stecken.

Dreibein sc[illegible] enen Speere wieder [illegible] dass Kull aus der H[illegible] ieht. Nach einer We[illegible] ube, du bist etwas Brauchbarem auf der Spur. Mach weiter!«

Dreibein humpelt auf Kull zu, zeigt ihm die Astgabel und fragt atemlos: »Kull, warum fliegen die Speere mit diesem ... diesem Ding weiter, als wenn sie mit der Hand geworfen werden?«

Der Schamane betrachtet das Stück Holz, macht einige Bewegungen des Werfens und streicht sich mit der Hand über den kahlen Kopf.

»Weiß nicht genau, warum. – Ich glaube, es macht den Arm länger. Dadurch brauchst du weniger Kraft beim Wurf. Hmm, ich möchte das Ding Speerarm nennen.«

Kull geht in den Raum mit den Vorräten und kommt mit einem Stück Geweih wieder.

»Versuch es damit«, sagt Kull. »Es hat beinahe schon die Form eines Speerarms, du musst es noch ein wenig bearbeiten.«

Plötzlich lacht Kull.

»Du kannst nicht genug bekommen, Dreibein: Ein Bein aus Holz und jetzt noch einen Arm aus Horn. Wo soll das noch enden?«

Leise vor sich hin lachend hockt sich Kull an die Feuerstelle und legt Holz nach.

Dreibein arbeitet am Speerarm aus Horn. Er sitzt an der Feuerstelle neben Kull. Kull trinkt langsam mit kleinen Schlucken heiße Kräutersuppe. Hin und wieder zeigt er Dreibein, wie er die Steinklinge führen muss, um den Speerarm zu formen.

Kull ist gut gelaunt, darum getraut sich Dreibein über eine heikle Sache zu sprechen.

»Kull, die Große Frau hat mir gesagt, dass im Staub der schwarzen Steine Gift ist, das dich krank macht und ...«

Dreibein kann nicht weitersprechen. Kulls Gesicht ist rot angelaufen und eine geschwollene Ader zieht sich quer über seinen kahlen Kopf. Er wirft den Becher mit Suppe von sich, springt auf und steht drohend über Dreibein. Mit hoher, krächzender Stimme schreit er Dreibein an.

»Sprich nicht weiter! Sag nichts mehr! Ich weiß, was Maramuum sagt. Wie oft hat sie mir damit schon die Ohren voll gesäuselt! Nashorngegrunze und Weibergeschwätz! Ich will davon nichts mehr hören. Verstehst du, Dreibein?«

Dreibein fürchtet sich. Er kriecht rückwärts. Weg vom Schamanen. Kull folgt ihm mit großen, zornigen Schritten. Immer wieder sticht er mit dem Zeigefinger nach Dreibein.

»Gift! Gift in den schwarzen Steinen! Da lacht selbst das dümmste Nashorn. Gift! – Heilende Kräfte sind in den schwarzen Steinen. Sie heilen meine Krankheit, helfen mir gute Bilder zu malen. Was versteht denn Maramuum vom Malen, von Bildern? Dieser aufgeblasene Fettsack soll sich um seinen eigenen Körper kümmern. Sag ihr das, Dreibein, sag ihr das!«

Dreibein kann nicht weiter zurückweichen. Hinter ihm ist die Felswand. Kull bringt sein Gesicht nahe an Dreibeins. Leise zischend sagt er: »Sprich mit mir nie wieder darüber, Dreibein, oder ...«

Kull spricht nicht weiter. Er geht zurück zur Feuerstelle. Wütend tritt er nach umherliegenden Geräten. Zornig schleudert er einen großen Ast ins Feuer. Funken fliegen hoch.

Kull sitzt am Feuer und brummt und murmelt vor sich hin. Lange Zeit getraut sich Dreibein nicht in die Nähe des Schamanen.

Schließlich winkt Kull Dreibein zu sich heran.

»Brauchst keine Angst zu haben, Dreibein. Mein Zorn hat nicht dir gegolten.«

Kulls Stimme ist wieder ruhig und tief. Dreibein setzt sich ans Feuer und und arbeitet weiter am Speerarm.

»Mein Zorn hat auch nicht Maramuum gegolten. Ich habe schlecht über die Große Frau gesprochen. Das war nicht recht. Kull war zornig auf Kull, weil Kull weiß, dass Maramuum Recht hat. Ja, ich weiß, der Staub der schwarzen Steine macht mich krank. Ich weiß es, aber ich will es mir nicht eingestehen. Will nichts davon wissen. Will nichts wissen, weil ich den schwarzen Staub brauche, um gute Bilder zu machen ...«

Kull schließt die Augen und spricht flüsternd weiter. »Der schwarze Staub ... sobald er sich in meinem Mund mit Speichel vermischt, geschieht Sonderbares: Wie durch einen schmerzlosen Schlag in den Nacken wache ich auf in einer anderen Welt. In einer Welt, in der die Farben leuchtender sind. Die Formen sind klarer. Ich sehe Tiere im Fels, anmutig, voll Bewegung, und sie alle wollen gemalt werden. Ich fühle meinen Körper nicht, fühle nur meine Hand, wie sie leicht und sicher die Striche zieht, die das Tier formen. Nur meine Hand, meine Augen und das Tier im Fels sind da – sonst nichts ... Ah, schwarzer Staub! Du führst mich in eine schöne, verzauberte Welt, in der ich glücklich bin – doch wie bitter rächst du dich an meinem Körper ...!«

Kull schweigt, hält die Augen geschlossen. Seufzt. Erst nach langer Zeit öffnet er die Augen und sagt mit brummender Stimme: »Dreibein, du lässt die Finger vom Staub der schwarzen Steine. Du bist jung. Du hast noch Kraft in dir. Ich werde alt. Ich brauche den Zauber der schwarzen Steine, brauche ihn für schwere Arbeit: die neue Halle der Bräuche. Die Zeit für das Fest der Gemeinsamen Jagd ist nah. Zu nah ...«

Dreibein sieht von seiner Arbeit auf und fragt: »Wie weit bist du mit der neuen Halle?«

Kull starrt vor sich hin und sagt dann leise: »Ich habe noch nicht damit begonnen.«

Dreibein sieht die Angst in Kulls Augen.

13

Ein kratzendes Geräusch weckt Dreibein. Er fährt hoch, starrt in die Dunkelheit. Die kleine Flamme des Fettlichts neben ihm flackert schwach, ist bald am Verlöschen.

Einige Augenblicke braucht es, bis Dreibein weiß, wo er ist. Er sitzt in seiner Höhle. Er hatte gemalt, hatte neue Tiere zu den vielen anderen an Decke und Wände gefügt, war müde geworden, war eingeschlafen.

Wieder das Kratzen. Eine Ratte? So tief in der Höhle hat Dreibein noch keine gesehen. Ein Bär, der seine Krallen schärft? Kull sagt, die gibt es hier nicht. Der Schatten, der nachts an seinem Lager vorbei aus der Höhle gehuscht war? Der Träger des Lichtscheins, dem Dreibein in die Halle der Bären gefolgt war? – Einbildung, sagt Kull. Geister, von denen die Menschen glauben, dass sie in der Höhle leben? Kull hält es für dummes Nashorngegrunze. Was dann? Dreibein weiß es nicht. Er weiß auch nicht, woher das Kratzen kommt. Das macht ihm Angst.

Das Geräusch scheint hinter ihm aus den Steinen zu kommen, an denen er lehnt. Doch das kann nicht sein. Hier ist die Höhle zu Ende, große Steine schließen sie ab.

Dreibein dreht sich um, hält das Ohr an den Stein. Wieder das Kratzen. Jetzt sieht Dreibein schwachen Lichtschein. Zwischen zwei Steinen dringt Licht zu ihm herüber. Dreibein zuckt zurück. Rührt sich nicht, atmet nicht. Dreibein weiß jetzt: Hinter den Steinen liegt eine Höhle! Irgendjemand kratzt dort.

Das Kratzen hat aufgehört, der Lichtschein verschwindet. Dreibein atmet wieder.

Er füllt die Fettlampe auf, steckt einen neuen Span hinein, beleuchtet die Steine. Er schiebt einen Stein zur Seite, einen zweiten, einen dritten. Ein schmaler niedriger Gang wird sichtbar. Dreibein stemmt sich mit dem Rücken gegen große Steine, rückt sie zur Seite, will den Eingang vergrößern. Dreibein schwitzt und keucht. Hände und Knie stößt er sich blutig. Doch Dreibein arbeitet weiter, Neugierde hat ihn gepackt.

Der Eingang ist groß genug. Dreibein legt sich auf den Bauch, schiebt sich in den Gang. Hände voran, die halten das Licht. Er schiebt den Kopf in die Öffnung, zieht den Körper nach.

Der Lehmboden ist nass und glitschig. Steil führt der enge Gang nach unten. Leicht rutscht Dreibeins Körper tiefer. Hände und Ellbogen stützen ab, damit Dreibein nicht zu schnell nach unten gleitet.

Ein großer Stein steckt vor Dreibein in der Erde, versperrt ihm den Weg. Hinter dem Stein führt der Gang weiter. Doch zwischen dem Stein und der Felswand ist nicht genug Platz, den Körper durchzuzwängen.

Erschrocken sieht Dreibein, dass er dumm wie ein Nashorn war. Wie konnte er sich nur, Kopf voran, in den engen Gang schieben ohne zuerst zu prüfen, ob der Gang einen Ausgang hat, ob der Gang nicht über einem bodenlosen Abgrund endet. Ein Stein, in den Gang geworfen, hätte ihm Antwort gegeben.

Jetzt steckt Dreibein fest. Er kann nicht zurück. Zu steil und zu glitschig ist der Boden, zu schwach sind die Arme, um sich mit den Füßen voran zurückzuschieben. Zu niedrig, zu eng ist der Gang um umzudrehen. Und Dreibein kann nicht nach vor. Da ist der Stein, der ihm den Weg versperrt. Ungeduld und Hast erlaubt die Höhle nicht, hatte Kull gesagt. Dreibein hat es vergessen. Nun rächt sich die Höhle – sie hält ihn fest mit Krallen.

Dreibein weiß, er darf die große Angst nicht hochkommen lassen, muss ruhig bleiben, muss ruhig überlegen. Der Stein vor ihm muss weg. Nach vor ist der einzige Ausweg. Dreibein stellt das Licht zur Seite und fasst mit beiden Händen den Stein. Die Hände ziehen und drücken, schieben und zerren. Fäuste schlagen auf den Stein. Der Stein rührt sich nicht, steckt fest im Lehm. Dreibeins Finger schieben den Lehm um den Stein weg, graben eine tiefe Rinne. Wieder Schütteln, Zerren, Schieben. – Nichts rührt sich. Dreibein schreit den Stein an. Der Stein hat keine Ohren, hört nicht, bewegt sich nicht.

Erschöpft und verzweifelt legt Dreibein den Kopf auf den nassen, kalten Boden. Der Stein sitzt fest. Dreibein sitzt fest.

Die Rinne, die Dreibein um den Stein gegraben hat, füllt sich mit Wasser. Das Wasser steigt bis zum Rand, rinnt ab, mehr Wasser steigt auf, fließt gurgelnd ab, schwemmt Lehm und Steinchen mit sich, rauscht hinunter in die Dunkelheit. Dreibein stemmt die Hand gegen den Stein. Jetzt bewegt sich der Stein. Ein großer Wasserschwall steigt hoch, wäscht den Stein frei. Leicht löst sich der Stein aus der lehmigen Erde, kollert tiefer, schlägt irgendwo in der Dunkelheit platschend auf. Der Weg ist frei.

Langsam und mit Vorsicht lässt sich Dreibein tiefer gleiten. Ah! Wie kalt das Wasser ist! Es macht nichts. Nur weiter. Heraus aus der Enge, weg von den Krallen, die ihn festhalten wollen. Der Gang wird weiter, höher, der Boden wird eben. Dreibein kann wieder aufrecht stehen. Dreibein atmet auf. Zu seinen Füßen rinnt Wasser durch eine Felsspalte glucksend ab.

Schon will Dreibein dem Gang weiter folgen, als er Striche am Fels bemerkt. Er hält das Licht näher. Ja, Striche, kreuz und quer, tief in den Fels geritzt. Erst vor kurzem müssen sie entstanden sein, denn Dreibein sieht feinen, weißen Staub am Boden unter den Strichen. Das war das Kratzen, das Dreibein gehört hat.

Dreibein blickt auf die Striche, schüttelt den Kopf, versteht nicht. Wer kratzt Striche in den Fels? Und warum? Und warum hier, in diesem versteckten Teil der Höhle? Plötzlich geht ein Ruck durch Dreibein. Seine Augen öffnen sich weit, sein Mund klappt auf. Seine Hände zittern, fast lässt er das Licht fallen.

Die Striche sind nicht nur Striche. Die Striche formen ein Bild. Ein hastig gezeichnetes Bild, doch Dreibein kann es klar

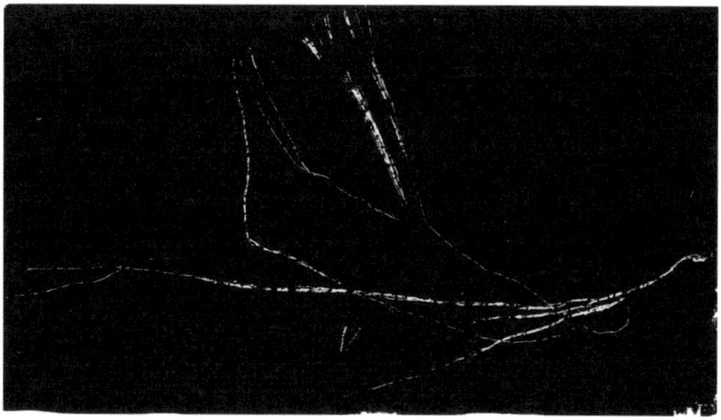

erkennen: Ein Mensch liegt auf dem Rücken, streckt Arme und Beine weit von sich. Will sich schützen gegen tödliche Speere. Vergeblich. Speere stecken in Brust, Hals und Gesicht. Drei Speere durchbohren den Menschen.

Dreibein muss sich am Fels festhalten. Das ist nicht erlaubt! Das ist verboten! So schreit es in Dreibeins Kopf. Es ist verboten, Menschen zu zeichnen, weil auf Menschen nicht Jagd gemacht werden darf. Das hat Kull gesagt. Das weiß jeder. Noch nie hat Dreibein Bilder von Menschen in der Höhle gesehen. Und noch dazu: Von Speeren durchbohrt! Jemand will Jagd auf einen Menschen machen. Jemand will einen Menschen töten. Wer ist der Jäger? Wer der Gejagte? Dreibein weiß es nicht. Dreibein hat Angst.

Er will hinaus aus der Höhle. Will Kull von dem Bild berichten. Vielleicht weiß Kull mehr darüber. Kull weiß viel.

Schon will sich Dreibein auf den Rückweg machen. Neugierde hält ihn zurück. Wohin führt dieser Gang? Sind noch mehr Bilder in ihm? Verbotene Bilder? Grausige Geheimnisse?

Nur ein kleines Stück will Dreibein in den Gang hinein gehen, wenige Schritte nur, will sehen, was hinter der Krümmung des Ganges liegt. – Nicht viel ist dort zu sehen. Wieder krümmt sich der Gang. Und was liegt dahinter? Aus wenigen Schritten werden viele.

Plötzlich steht Dreibein in einem runden Raum. Der Raum hat keine Decke. Hoch, sehr hoch oben muss die Decke sein, denn Dreibein sieht sie nicht. Er hält das Licht in die Höhe, nur dunkle Leere ist über ihm. Glatte, steile Felswände umschließen den Raum, steigen hoch, verschwinden in der Dunkelheit.

Dreibein macht einige Schritte. Sie hallen laut. Erst nach langer Zeit kommt der Hall seiner Schritte flüsternd zurück. Unvorstellbar, wie weit sich der dunkle Raum über Dreibein wölbt.

An einem lehmigen Stück der Wand findet Dreibein einen Abdruck. Länglich, mit regelmäßigen Vertiefungen. Wie ... wie ... von einem Seil. – Seil? Wie kommt ein Seil hierher? Dreibein sucht in seinem Kopf. Seil? Seil? Seil? Wo hat Dreibein vor nicht so langer Zeit ein Seil gesehen? Ein greller Blitz zuckt durch seinen Kopf: Kull! Kull war mit einem Seil aus Noo herausgeklettert. Noo, der verbotene Schlund!

Wie kaltes Wasser rieselt es über Dreibeins Rücken, als er erkennt, wo er ist. Dreibein steht am Grunde von Noos Schlund. – Noo ist verboten. Noo will Ruhe. Noo will nicht gestört werden. – Weg! Nur schnell weg! Vielleicht ist es noch nicht zu spät. Vielleicht kann Dreibein Noos Rache noch entkommen. Dreibein will nicht von Noos Schlund verschlungen werden. Er dreht sich um, will zurück zu dem Gang, durch den er gekommen. Doch seine Füße wollen nicht. Dreibein steht da wie ein Wachsender Stein. Er starrt auf ein Bild neben dem Gang. Nein, kein Bild ist es – es ist eine Geschichte. Eine Geschichte mit schwarzer Farbe und Pinsel erzählt:

Ein mächtiger Wisent ist tödlich getroffen. Ein Speer durchbort seinen Bauch. Gedärme quellen aus der Wunde. Doch noch steht das Tier. Zornig krümmt es seinen Schweif, wütend stellt es die Nackenhaare auf. Sein Kopf ist zum Angriff gesenkt. Die Hörner bereit zum Stoß. Sie richten sich auf den Mann vor ihm. Der Mann vor dem Tier ist Vogelnase. Seine Waffen sind ihm aus der Hand gefallen. Steif wie ein entwurzelter Baum fällt Vogelnase nach hinten. Gleich wird der Wisent zustoßen. Gleich werden sich seine Hörner in die Brust des Mannes bohren ...

Lange sieht Dreibein das Bild an, hat die Angst vor Noo ver-

gessen. Unter dem Bild, am Boden, liegen Vogelnases zerbrochene Waffen. Dreibein weiß nun, was Kull damals im verbotenen Schlund gemacht hat: Er hat Vogelnases traurige Geschichte gemalt. Um sich zu erinnern, um nicht zu vergessen. Um Vogelnases Geschichte weiterleben zu lassen, auch für die, die nach ihm kommen werden ...

Dreibein reißt seine Augen vom Bild los, humpelt eilig dem Gang zu. Noo, der Schlund – nur weg von hier! Das Licht fällt in einen verborgenen Winkel. Dort liegt ein Beutel aus Tierhaut. Schon will Dreibein daran vorbei. Er sieht ein Loch in der Haut. Wie eine rote Wunde klafft das Loch. Rote, verschmierte Farbe bedeckt den Beutel. Trotz seiner Angst muss Dreibein lächeln und denkt an den Wisent-Menschen in der Höhle, an die tanzenden Jäger, den Todesstoß, das spritzende Blut, das sterbende Tier in der Lache von Blut – nein, von roter Farbe.

Nicht lange lächelt Dreibein. Weiter! Weg von hier, weg vom verbotenen Schlund. Auch das Fettlicht wird nicht mehr lange brennen.

Beim Bild des durchbohrten Menschen bleibt Dreibein stehen. Eine Ahnung steigt in Dreibein auf, breitet sich in seinem Kopf aus, pocht laut an seine Schädeldecke: Kull! Das Bild hat Kull gezeichnet! Nur Kull weiß, wo das Seil versteckt ist, mit dem er in den verbotenen Schlund gelangt. Kull hat das Bild von Vogelnases Tod gemalt, hat auch jetzt, vor kurzem, das Bild des durchbohrten Menschen in den Fels geritzt. Kull! Auf wen macht Kull Jagd? Wen will Kull töten?

Dreibein hastet weiter, will den schrecklichen Gedanken hinter sich lassen. Mühsam klettert er durch das plätschernde Wasser den niedrigen Gang hoch, steht endlich wieder in seiner Höhle, ist wieder bei seinen Bildern. Ah, wie gut es tut, wieder Vertrautes um sich zu haben!

Dreibein verschließt den Einstieg zum niedrigen Gang mit Steinen. Niemand soll um den Zugang zum verbotenen Schlund wissen. Niemand soll vom Bild des durchbohrten Menschen wissen. Und Kull soll nicht wissen, dass Dreibein weiß.

Erschöpft setzt sich Dreibein hin, atmet tief und will seine Gedanken zur Ruhe bringen. – Kull. Dreibein kann nur an den Schamanen denken. Es passt nicht zu Kull, einen Menschen töten zu wollen. Kull löst Schwieriges auf andere Art. Auf sanfte, leichte Art. Wie das schwebende Pferd auf der weißen Wolke. Es ist nicht Kulls Art, so zu zeichnen, wie der durchbohrte Mensch gezeichnet ist. Kull zeichnet nicht mit hastigen wilden Strichen, aus denen Zorn und Hass sprechen. Doch wer sonst weiß den Weg in den verbotenen Schlund, wer sonst zeichnet Bilder an die Wände? Dreibein weiß es nicht.

Dreibein macht sich auf den Weg zurück zum Ausgang. Er geht langsam und zögernd. Schwer sind seine Füße. Er hat keine Eile, Kull zu treffen. Hat Angst davor. Hat Angst, dass Kull in seinen Kopf blicken kann. Dann weiß Kull, was Dreibein gesehen hat.

Dreibein durchquert die große Halle der Bräuche. Er geht

rasch an Noo, dem verbotenen Schlund, vorbei. Er ist froh, dass ihn Noos Rache nicht getroffen hat. Doch was weiß Dreibein von Noo? Vielleicht rächt sich Noo später, dafür um so schrecklicher.

Dreibein geht an der Wand mit den gemalten Händen vorbei, wirft einen Blick darauf. Überrascht bleibt Dreibein stehen. Eine neue Hand ist auf dem Fels. Weiß im roten Umkreis. Klein, ganz klein ist die Hand. So eine kleine Hand gibt es nicht, denkt Dreibein. Selbst Kinder haben größere Hände. Er schüttelt den Kopf und geht weiter. Zu viel Neues hat Dreibein heute gesehen, zu viel, das er sich nicht erklären kann.

Unter dem Felsdach vor der Höhle sitzt Kull am erloschenen Feuer, hat den Kopf in die Hände gestützt, murmelt und starrt vor sich hin. Draußen regnet es leicht, Nebel kriecht unter das Felsdach.

Nur kurz blickt Kull auf, als sich Dreibein ihm gegenüber setzt. Kulls Augen schimmern rötlich. Mit müder Stimme sagt er: »Maramuum, die Große Frau, hat geboren. Heute. Sie hat ein totes Kind geboren. Ich habe die kleine Hand auf den Fels gemalt. Traurige Arbeit, trauriges Bild. Doch so will es der Brauch.«

Kull seufzt und legt beide Hände vor das Gesicht. »Das Unglück reißt nicht ab. Schlechte Jagd, Vogelnases Tod und jetzt das tote Kind. Maramuum ist nicht gesund, darum die Totgeburt. Doch mir geben sie die Schuld. Eine neue Halle der Bräuche, schreien sie. – Ich weiß nicht. Vielleicht. Vielleicht sind neue Bilder nötig, damit das Unglück aufhört. Eine Halle voll neuer Bilder. Ich weiß nicht, ob ich es kann. Ich bin müde ...«

Kull stochert mit einem Zweig in der kalten Asche, sagt nichts mehr. Auch Dreibein sagt nichts. Dreibein wartet, dass Kull über das Bild des durchbohrten Menschen spricht.

Doch Kull sagt nichts.

14

Die Sonne ist noch nicht aufgegangen. Kull schläft noch auf seinem Lager. Dreibein sitzt an der Feuerstelle und schlürft heiße Kräutersuppe. Er hat schlecht geschlafen. Ein böser Traum hat ihn geweckt. Der Traum hat ihn nicht wieder einschlafen lassen. Noch immer tauchen diese Traumbilder in seinem Kopf auf:

Dreibein liegt auf seinem Lager und fühlt, wie etwas auf ihn zukommt. Er will sich aufrichten um zu sehen, was da kommt. Er kann sich nicht bewegen, kann sich nicht rühren. Ganz nah steht etwas bei Dreibeins Lager, doch er kann es nicht sehen, kann den Kopf nicht wenden, hat Angst. Nur seine Augen sind weit geöffnet und sehen die Decke des Felsdachs. Langsam schiebt sich in Dreibeins Blick ein Gesicht. Dunkle Augen, die tief in den Augenhöhlen liegen, starren ihn an.

Dreibein weiß nicht: Mensch oder Tier? Haare bedecken das Gesicht des Wesens, flach ist die Stirne, dick die Knochenwülste über den Augen. Doch die Augen blicken ernst und klug.

Dreibein schreit. Sein Schrei weckt ihn, verscheucht den Traum. Dreibeins Körper ist schweißnass.

Die heiße Kräutersuppe beruhigt Dreibein. Doch die Traumbilder bleiben in seinem Kopf. Und Dreibein ist sich nicht so sicher – war es wirklich nur ein Traum?

In langen, lockeren Sprüngen läuft Kri den Hang gegenüber der Höhle herab. Ein weiter Sprung über den Bach. Mit kurzen, schnellen Schritten kommt Kri zur Höhle herauf. Schon ist sie da. Jetzt erst folgt die Krähe. Sie setzt sich auf Kris Schulter und krächzt.

»Heute warst du schneller als der Vogel«, sagt Dreibein.

Kri lacht. »Ja, aber er hat mich gewinnen lassen. Braves Tier!« Sie streichelt die Krähe unter dem Schnabel.

»Wo ist Kull?«, fragt Kri.

Dreibein zeigt auf Kulls Lager. Der Schamane schläft noch immer. – Kri weckt ihn. Kull gähnt und streckt seine Arme. Kri sagt: »Kull, es ist besser, du wachst ganz schnell auf. Ich habe Xan, den Ersten der Tui-clan, und einige seiner Männer gesehen. Sie kommen auf deine Höhle zu. Sie sind ganz aufgeregt. Sie fuchteln mit ihren Speeren herum und schreien und benehmen sich wie ein zorniges Nashornrudel. – Ich weiß nicht, was mit ihnen los ist.«

Kull brummt vor sich hin und setzt sich zur Feuerstelle. Dann sagt er: »Was wird schon mit ihnen los sein? Xan wird zu viel Mau getrunken haben. Jetzt summt es in seinem Kopf wie ein Fliegenschwarm und in seinem Bauch zwicken die Krebse. Und Kull soll ihm helfen. Als ob Kull nicht wichtigere Dinge zu tun hat!«

Kull brummt weiter vor sich hin. Dreibein und Kri sagen nichts. Wenn Kull schlechte Laune hat, ist es besser, nichts zu sagen.

Dreibein arbeitet am Speerarm weiter. Kri sieht ihm neugierig zu und will schon fragen, doch da kommen Xan und seine Jäger. Auch Schleem der Schamane ist dabei.

Sie treten auf Kull zu, doch sie können nicht sprechen. Keuchend schnappen sie nach Luft. Der schnelle Lauf hat ihnen die Luft genommen. Kull bedeutet ihnen, sich zu setzen.

»Kull«, sagt Xan noch immer außer Atem, »wir haben einen Keinhals gesehen! Drüben, in der Nähe unseres Lagers. Wir haben Jagd auf ihn gemacht. Er war zu schnell. Er ist uns entkommen. Schade.«

»Schade, dass ich nicht dabei war«, sagt Kri halblaut. »Mir wäre er sicher nicht entwischt.« Sie lacht leise.

Die Männer starren auf Kri. Finster und drohend ihre Blicke. Selbst Kull schüttelt streng den Kopf.

Kri lächelt verlegen. Sie hält die Hand vor den Mund, hebt die andere zur Entschuldigung und macht einige Schritte weg von den Männern. Lange noch bleiben die Blicke auf Kri gerichtet, dann richten die Augen sich wieder auf Xan. Xan spricht weiter: »Der Keinhals ist in die Richtung deiner Höhle verschwunden, Kull. Hast du ihn gesehen?«

Kull schüttelt den Kopf. »Ich habe geschlafen. Es ist schon sehr lange her, dass ich einen Keinhals gesehen habe. Ich dachte, sie wären von den Schwarzen Bergen weggezogen. Aber warum die Aufregung, Xan? Ein Keinhals ist keine Gefahr für uns.«

»Kull, Kull, Kull«, sagt Xan mit Vorwurf in seiner Stimme. »Du nimmst die Sache zu leicht. Wo immer diese Biester auftauchen, stehlen und töten sie und machen Jagd auf Tiere, die uns gehören. Schon allein ihr Aussehen zeigt, wie gefährlich sie sind: Der dicht behaarte Körper, der tierische Schädel, der ohne Hals auf dem wuchtigen Rumpf sitzt, die langen Arme und vor allem diese tückischen, verschlagenen Augen ...«

Xan schüttelt sich vor Grauen und Abscheu.

Schleem, der Schamane, hebt die Hand. Xan gibt ihm Erlaubnis, zu sprechen.

»Das Erscheinen der Keinhals ist immer ein böses Zeichen. Unglück folgt. Nur wenn sie getötet werden, kann das Unglück abgewendet werden.«

Schleem schließt die Augen, um sich besser erinnern zu können. Flüsternd sagt er: »Einmal ... es ist nicht zu lange her, raubten die Keinhals einer Menschenherde ein neugeborenes Kind. Die Jäger der Herde verfolgten sie. Sie fanden das verlassene Lager der Keinhals. An der Feuerstelle lagen die Knochen eines kleinen Kindes – abgenagt!«

Schleem zeigt die Zunge. Keine Lüge auf ihr. Die Männer erschauern und nicken mit den Köpfen. Kull zeigt keine

Regung. Er sagt: »Mag sein ... mag sein. Ich weiß es nicht. Mich hat noch keiner bestohlen, mir hat keiner von ihnen etwas getan. Vor vielen, vielen Menschenleben war die Welt noch voll mit Keinhals. Eine Herde von ihnen bewohnte diese Höhle hier, die Höhle der Bilder. Nur – damals gab es noch keine Bilder an den Wänden. Dann kamen wir Menschen. Wir waren wenige, doch wir vertrieben die Keinhals. Wir hatten die besseren Waffen. Damals malten die Schamanen die ersten Bilder an die Höhlenwände: Hände und Fingerspuren im weichen Fels. Diese Bilder sollten die Keinhals von der Höhle fern halten, sollten sagen: Wir Menschen legen Hand an diese Höhle, ergreifen Besitz von ihr, sie gehört uns. So erzählen es die Alten, die es von den Alten vor ihnen erzählt bekamen.

Jetzt gibt es nur mehr wenige Keinhals. Wir Menschen bewohnen die Welt. Wir haben wenig von ihnen zu befürchten. Bald wird es keine Keinhals mehr geben. Das ist nicht recht. Wir sagen von ihnen, dass sie keine Menschen sind. Ich weiß nicht. Ich bin mir nicht sicher. Die Keinhals können sprechen, auch wenn wir sie nicht verstehen. Sie verwenden Waffen und Werkzeuge, auch wenn sie nicht so gut sind wie die unseren. Wenn wir ein großes Tier jagen, geben wir es der Welt zurück, indem wir das Tier an die Höhlenwand malen. So will es der Brauch, so will es die Welt. Und da sollen wir Wesen jagen, die vielleicht Menschen sind? Das bringt Unglück. Wenn es die Keinhals nicht mehr gibt, wird die Welt ein großes Stück ärmer und kippt vielleicht aus dem Gleichgewicht ...«

Lange Zeit schweigen die Männer, denken nach, was Kull gesagt hat. Dann beginnen sie wieder zu sprechen. Dafür und dagegen. Sie sprechen vom Töten und vom Am-Leben-Lassen ...

Während die Männer sprechen, geht Kri vor das Höhlendach. Dreibein folgt ihr. Kri sagt: »Ich habe noch nie einen Keinhals gesehen. Ich fürchte mich nicht vor ihnen. Ich bin schneller als sie. Und die Geschichte, dass die Keinhals Kinder fressen, glaube ich nicht. Da kann Schleem noch so oft die Zunge zeigen. – Aber etwas ist wirklich unheimlich an ihnen: Maramuum sagt, dass sie nicht lachen können. Sie lächeln auch nicht. Niemals ...«

Dreibein durchquert die Halle der Bräuche. Er ist auf dem Weg zu seinen Bildern. Kri war zurück zur Höhle der Sim-clan gelaufen. Einige Jäger hatten sich auf die Suche nach dem Keinhals gemacht. Kull und Xan und einige Männer waren am Feuer sitzen geblieben und hatten geredet und geredet ... Reden vielleicht noch immer.

Dreibein mag Xan und Schleem nicht. Mag nicht, was sie reden. Traut ihnen nicht. Dreibein ist lieber in seiner Höhle, bei seinen Bildern. Er will allein sein, will nachdenken. Will in seinem Kopf Ordnung machen, will klarkommen mit seinen Gedanken über Kull.

Kull hat Dreibein gerettet. Kull beschützt ihn. Kull lehrt ihn. Kull erklärt ihm die Welt. Dreibein mag Kulls Erklärungen, sie scheinen ihm gut und wahr. Und Kull hat das Bild mit dem schwebenden Pferd auf der weißen Wolke gemalt. – Doch Kull tut Dinge, die Dreibein nicht versteht. Kull steigt heimlich hinunter in Noo, den verbotenen Schlund, Kull ritzt einen durchbohrten Menschen auf Fels, Kull vergiftet sich mit schwarzem Staub. Kull beginnt nicht mit den Bildern in der neuen Halle der Bräuche. Kull hat Geheimnisse. Kull ... Dreibein weiß nicht, was er über Kull denken soll.

Dreibein betritt seine Höhle, die Gedanken bei Kull. – Er erschrickt. In seiner Höhle brennt Licht. Er hat es beim Herkommen nicht gesehen, hat nur in seinen Kopf geblickt.

Am anderen Ende der Höhle hockt ein Wesen. Der Traum springt in Dreibeins Kopf. Derselbe Kopf, dieselbe flache Stirn, die Wülste über den Augenhöhlen, die Haare im Gesicht. Derselbe Blick aus ernsten, klugen Augen.

Langsam richtet sich das Wesen auf. Dreibein erinnert sich an Xans Erzählung: Behaarter Körper, lange Arme und zwischen dem wuchtigen Rumpf und dem Schädel – kein Hals.

Dreibein steht ihm gegenüber. Dem Keinhals.

Nur wenige Schritte sind sie voneinander entfernt. Der Keinhals hebt einen kurzen Speer. Bereit zum Wurf, bereit zum Stoß. Dreibein hat keine Waffe. Dreibein hat nur den Krückstock. Den braucht er zum Gehen. Weglaufen kann Dreibein nicht.

Der Keinhals wirft den Speer nicht. Er stürzt sich nicht auf Dreibein um zuzustoßen. Er rührt sich nicht. Dreibein rührt sich nicht. Lange Zeit stehen sie so da.

Langsam hebt Dreibein die Hände, lässt die Handflächen sehen um zu zeigen, dass er keine Waffe trägt. Er sagt: »Ich will dir nichts tun.«

Der Keinhals legt den Kopf schräg, wie um Dreibein besser hören zu können. Dann spricht er – mit tiefen, dumpfen Lauten. Nichts, was Dreibein versteht. Doch er nickt dem Keinhals zu.

Zögernd senkt der Keinhals den Speer. Dreibein atmet auf. Wieder Stille. Wieder Warten. Lange Zeit. Dann schlägt sich der Keinhals mit der Faust auf die Brust und sagt mit tiefer Stimme: »Uum.«

Dreibein versteht nicht. Wieder schlägt sich der Keinhals auf die Brust. »Uum. Uum. Uum.«

Dreibein glaubt zu verstehen. Er zeigt auf den Keinhals und sagt langsam: »Uum.«

Kurz leuchten die dunklen Augen des Keinhals auf. Dreibein weiß jetzt: Der Keinhals heißt Uum.

Dreibein schlägt sich auf die Brust und sagt: »Dreibein.«

Jetzt zeigt Uum auf Dreibein und sagt: »Eiei.«

Dreibein nickt und lächelt.

Uum lächelt nicht. Er kommt einige Schritte auf Dreibein zu und setzt sich auf den Boden. Zögernd setzt sich Dreibein ihm gegenüber. Uum spricht. Nicht mit dem Mund. Uum spricht mit den Händen. Macht Zeichen mit den Händen, mit den Armen. Uums ganzer Körper spricht. Uum springt auf, bewegt sich durch die Höhle, schwingt die Arme, schlenkert die Beine, zeigt auf verschiedene Tierbilder. Uum verrenkt den Körper, läuft, hopst, tanzt. Tanzend erzählt Uum seine Geschichte.

Von Sprichtnicht hat Dreibein viele Zeichen gelernt. Uums Zeichen sind ähnlich. Dreibein glaubt, ein wenig von Uums Geschichte zu verstehen:

Uum lebt mit einer kleinen Herde weit drüben in den Schwarzen Bergen. Oft kommt er hierher zur Höhle, die vor langer, langer Zeit seiner Herde gehört hat. Jetzt gehört sie den Langhälsen. Uum will den Langhälsen die Höhle nicht wegnehmen, kommt nur hierher, um die Bilder von den Tieren zu sehen. Niemand von seiner Herde kann Bilder machen. Uum mag die Bilder, es gibt nichts Schöneres für ihn. Schon oft hat er Dreibein beobachtet. Uum mag Dreibein, weil er Bilder malt.

Uum hat seine Geschichte zu Ende getanzt. Er setzt sich und sieht Dreibein mit ernsten Augen an. Dreibein nimmt einen

roten Stein und zeichnet ein Pferd auf eine freie Stelle am Fels. Dann zeigt er auf das Pferd und deutet, dass das Pferd Uum gehört. Uum versteht. Er springt auf und streichelt Dreibeins Hände. Dann hockt er sich vor das Pferd und sieht es lange Zeit mit glänzenden Augen an.

Uum lächelt nicht, Uum lacht nicht, doch Dreibein weiß, dass er Uum eine große Freude gemacht hat.

Uum kramt in seinem Beutel, holt kleine, grüne Äpfel heraus und legt sie auf den Boden unter das Pferd. Zart berührt er mit den Fingerspitzen das Bild, streichelt das Pferd. Uum geht zu den anderen Pferden, die Dreibein schon früher gemalt hat, und gibt ihnen zu essen: Er steckt Kräuter in Felsritzen, legt Äpfel auf Vorsprünge. Den Bären, Löwen, Nashörnern und Mammuts geht Uum aus dem Weg. Er macht einen Bogen um die gefährlichen Tiere und hütet sich, sie zu berühren. Uum spricht zu den Tieren, redet mit ihnen in ihrer Sprache. Uum wiehert, röhrt, brummt, faucht, meckert ...

Dreibein weiß jetzt: Uum ist ein Mensch.

Nachdem Uum gegangen war, macht sich auch Dreibein auf den Weg zum Ausgang. Uum hatte nur »Eiei« gesagt, hatte die Hand gehoben und war in die Richtung zur Halle der Bären verschwunden. Dreibein schüttelt verwirrt den Kopf. In der Halle der Bären ist die Höhle zu Ende, dort ist der See. Kennt Uum einen zweiten, geheimen Ausgang? Kull müsste davon wissen. Keiner kennt die Höhle so gut wie Kull. Oder hat Uum Wissen, uraltes Wissen aus lang vergangener Zeit weitererzählt von den Alten seiner Herde?

Dreibein ist froh, Uum getroffen zu haben. Uum will ihm nichts Böses. Uum ergeht es wie Dreibein: Sim-clan und Tuiclan mögen die Keinhals nicht. Wenn sie Uum erwischen, töten sie ihn, so wie sie Dreibein töten würden, wenn Kull nicht wäre.

Dreibein tritt hinaus aus der Höhle unter das Felsdach. Niemand ist da. Schwache Glut in der Feuerstelle. Dreibein geht vor das Felsdach und schaut sich um. In der Abenddämmerung sieht er oben auf dem Hügel zwei Männer. Kull und Xan. Sie gehen in die Richtung des Lagers der Tui-clan. Schon sind sie hinter dem Hügel verschwunden.

Dreibein weiß nicht, warum er plötzlich beklommen ist.

15

Rascheln von dürren Blättern weckt Dreibein. Wind wirft die dürren Blätter unter das Felsdach, lässt sie im Kreis tanzen, bis sie in einer Ecke liegen bleiben, die der Wind nicht erreicht. Es ist der warme Wind, von dem Kull sagt, dass er die Menschen unruhig und gereizt macht. Tief hängen dunkle Wolken über dem Land.

Dreibein ist allein. Kull ist nicht zurückgekommen, sein Lager ist unberührt.

Dreibein macht Feuer, kaut trockene Beeren und schlürft heißes Honigwasser. Dann arbeitet er am Speerarm. An das Ende des Speerarms schnitzt er einen Vogel. Der Schnabel des Vogels ist der Haken, in den der Speer eingelegt wird. In den Griff schneidet Dreibein einen Steinbock. Die Waffe liegt gut in der Hand. Dann macht er sich auf die Suche nach Speeren. Gerade müssen sie sein, an der Spitze schwerer. Am hinteren Ende des Speers lässt Dreibein eine kurze Astgabel stehen. Sie fügt sich gut in den Haken des Speerarms. So kann der Speer nicht abrutschen.

Dreibein macht einige Versuche. Ohne dass Dreibein sich anstrengt, fliegen die Speere weit, fliegen in sanfter Krümmung und bohren sich mit der Spitze voran in den Boden. Nur der starke Wind verträgt die Speere und sie landen woanders, als Dreibein es wollte. Ein schwererer Speer würde nicht so leicht vom Weg abweichen.

Dreibein freut sich. Er hat etwas Neues geschaffen. – Nein, nichts Neues. Kull würde sagen, dass Dreibein etwas gefunden hatte, das schon immer da war, und Dreibein der Erste war, der es sah. Kull denkt bescheiden, prahlt nicht.

Ja, Dreibein hat den Speerarm als Erster gesehen. Bei allen Dingen, die die Menschen verwenden, ist es so gewesen. Jemand hat sie gefunden, hat sie gesehen: den Feuerstab, den wärmenden Umhang aus Fell, die Steinklinge ... Sie alle waren seit undenklichen Zeiten da. Jemand, der die Augen offen hatte, sah sie, hob sie auf, verwendete sie. Wie viele Dinge liegen noch in der Welt herum und warten darauf, gesehen zu werden! Dreibein wird schwindlig bei diesem Gedanken.

Er seufzt. Den Speerarm hat er gesehen. Als Erster. Doch warum sieht er in seinem Kopf nicht das Vergangene? Warum sieht er nicht durch den roten Staub hindurch, was früher war ...?

Ein Schrei.

Ein schrecklicher Schrei reißt Dreibein aus seinen Gedanken. Laut und lang ist der Schrei. Er kommt vom Hügel, hinter dem das Lager der Tui-clan liegt. Es ist der Schrei eines Menschen, ein Schrei des Entsetzens.

Dreibein kann nicht hier vor dem Felsdach bleiben. Dreibein muss hinauf auf den Hügel, muss hinter den Hügel, muss sehen, wer geschrien hat, warum geschrien wurde.

Mühsam quält sich Dreibein mit dem Krückstock den steilen Hang bergan. Der Wind bläst ihm Sand, Blätter und dürre Zweige ins Gesicht. Der Wind zerrt an seinem Umhang, seinen Haaren, will ihn aufhalten, will nicht, dass Dreibein über den Hügel geht. Oft gleitet Dreibeins Krückstock ab. Dann fällt Dreibein nach vor, rutscht am Bauch liegend den Hang ein Stück hinunter, bis sich seine Hände am gelben Gras festkrallen können.

Keuchend erreicht Dreibein die Spitze des Hügels. Sein Körper ist mit Schweiß bedeckt, Knie und Hände sind zerkratzt, das Gesicht mit Erde verschmiert.

Weiter unten, auf der anderen Seite des Hügels, stehen die Tui-clan wie eine Rinderherde, die sich um ein Wasserloch drängt. Dreibein kann nicht sehen, was in ihrer Mitte ist. Sie schreien aufgeregt, deuten mit den Händen, winken mit den

Armen. Einige laufen weg, auf das Lager zu. Andere kommen, wollen sehen, machen die Hälse lang, schieben und drängen.

Auch Dreibein möchte sehen und wissen. Er getraut sich nicht näher an die Tui-clan heran, wagt es nicht, sich in ihren Kreis zu drängen. Die Tui-clan haben Dreibein nicht bemerkt, zu sehr sind sie mit dem beschäftigt, was in ihrer Mitte ist.

Schleem kommt. Die Tui-clan öffnen den Kreis, um den Schamanen durchzulassen. Für einen Augenblick sieht Dreibein, was in der Mitte des Menschenknäuels ist, dann schließt sich der Kreis wieder.

Dreibein hat genug gesehen. Sein Magen dreht sich um. Dreibein erbricht. Eine Brühe aus Honigwasser und Beeren klatscht auf den Stein zu Dreibeins Füßen.

Dreibein hat einen Mann gesehen, am Rücken liegend. Drei Speere stecken in seinem blutverkrusteten Leib. Es ist Xan, Erster der Tui-clan. Xan ist tot.

Dreibein muss sich setzen. Wieder dreht sich sein Magen um. Doch nur bittere Flüssigkeit kommt hoch. Dreibein hat tote Tiere gesehen, einen toten Menschen noch nie. Doch nicht der Anblick des Toten lässt Dreibein übel werden. Der Gedanke an Kull ist es, dass sich Dreibeins Magen dreht. Kull: Er ist gestern Abend mit Xan über den Hügel gegangen. Kull: Die Zeichnung des durchbohrten Mannes in der Höhle. Drei Speere stecken auch in Xan. Kull: Hat er Xan getötet?

Alles in Dreibeins Kopf schreit: Nein! Nicht Kull! Das passt nicht zu Kull, ist nicht Kulls Weg. Kull – niemals!

Doch irgendwo in Dreibeins Kopf flüstert es: Vielleicht doch?

Ein leises Krächzen, Flügel flattern und schon sitzt die Krähe mit dem weißen Kopf auf Dreibeins Schulter. Gleich darauf kommt Kri über die Hügelkuppe geflogen und bleibt bei Dreibein stehen. Ihr Atem kaum schneller als sonst.

»Wir haben unten in unserer Höhle einen Schrei gehört. Was ist los?«

Mit belegter Stimme erzählt Dreibein, was er gesehen hat. Kris Augen werden groß.

»Stinkende Rinderpisse!«, sagt Kri. »Das wird Ärger geben.« Dann läuft sie zu den Tui-clan und stürzt sich ins Gewühl.

Ärger, denkt auch Dreibein. Bald nach Kri werden die Sim-clan kommen. Tl-Tl und Feuerhaar. Ärger und Gefahr. Dreibein humpelt weg von hier, hockt sich hinter einen Felsblock. Kann dort nicht gesehen werden, sieht aber.

Da kommen auch schon die ersten Sim-clan. Keuchend, schwitzend. Nur kurz bleiben sie auf der Hügelkuppe stehen, dann mischen sie sich in den Menschenknäuel, der sich um den toten Xan windet. Mehr Sim-clan kommen, größer wird das Gewoge, größer die Aufregung. – Bienen, denkt Dreibein, wie ein wilder Bienenschwarm, dem der Honig geraubt wurde.

Immer zorniger und lauter werden die Stimmen. Dreibein kann nicht verstehen, was geschrien wird. Zu viele Schreie zur gleichen Zeit. Finger der Tui-clan zeigen auf die Sim-clan. Die Sim-clan heben drohende Fäuste. Jetzt die gewaltige Stimme von Tl-Tl. Sie übertönt alle.

»Ihr dreckigen Rinderschwänze! Niemand von uns Sim-clan hat Xan getötet. Und wenn ...«

Der Rest geht im Wutgeheul der Tui-clan unter.

Der Menschenknäuel hat sich geteilt. Auf der einen Seite die Rindermenschen, auf der anderen die Pferdemenschen. In der Mitte, zwischen den beiden, der tote Körper Xans.

Xan hört nicht mehr die zornigen Schreie, sieht nicht mehr die wütenden Gesichter, die drohenden Fäuste. Xan fühlt nicht mehr, wie sich die Stimmung von Rache und Gewalt ausbreitet.

Noch kommt es nicht zum Kampf. Tl-Tl befiehlt den Sim-clan zu ihrer Höhle zu gehen. Die Tui-clan tragen Xan zu ihrem Lager. Misstrauische Blicke zwischen den beiden Herden. Böse Rufe, die sich entfernen. Ruhe. Wie lange noch ...?

Als Dreibein zurück zum Felsdach kommt, sind die Wolken dunkler geworden. Weit weg und noch leise rollt Donner. Kri und Sprichtnicht sitzen am Feuer. Erschöpft setzt sich Dreibein dazu. Der Abstieg vom Hügel war schwerer gewesen als der Anstieg. Dreibeins Umhang ist zerfetzt, sein Körper blutet aus vielen Schürfwunden.

Kri gibt Dreibein ein Stück gebratenes Rattenfleisch.

»Iss, Dreibein. Bald kommen schlechte Zeiten. Meine Herde, die Pferdemenschen, bereiten sich auf den Kampf gegen die Rindermenschen vor. Sie schärfen ihre Waffen und bemalen ihre Körper gelb. Gelb ist für die Sim-clan die Farbe des Kriegs. Die sind ja soo dumm! Maramuum schimpft und warnt und droht. Ihr Toben hilft nichts. Tl-Tl will nicht auf sie hören. Wenn er wütend ist, hört er nichts mehr. Er spricht von falschen Beschuldigungen und tödlichen Beleidigungen. In einem fort schreit er nach Rache, Kampf und Blut. – Was für ein Nashorn!«

Verachtung ist in Kris Gesicht. Dreibein hält das Stück Fleisch in seiner Hand. Er mag nichts essen. Sein Magen will nicht. Er legt das Fleisch zurück auf die heiße Steinplatte. Kri und Sprichtnicht essen schweigend.

Dreibein stützt den Kopf in die Hände. Kampf zwischen zwei Herden. Kampf ist kein guter Weg, hat Kull gesagt ... Kull! Wo ist Kull? Daran hat Dreibein noch nicht gedacht.

»Wo ist Kull?«, fragt Dreibein.

Kri weiß es nicht. Sprichtnicht hebt die Schultern und lässt sie sinken.

Kull! Ist Kull verschwunden, weil er Xan getötet hat? – Nein! Nein! Nein! Schnell schiebt Dreibein das Bild wieder aus seinem Kopf. Er sagt: »Wir müssen Kull finden. Nur er kann verhindern, dass es zum Kampf kommt. Kull will nicht, dass Menschen getötet werden. Kull will nicht, dass Blut fließt. Kull kennt bessere Wege als den Kampf. Er muss kommen. Schnell.«

Kri nickt und schweigt.

Sprichtnicht nickt und spricht mit den Händen. Kri versteht die Sprache der Hände nicht. Dreibein ist Sprichtnichts Mund und Zunge: »Manchmal geht Kull zur Roten Grotte. Weit weg von hier. Wenn er allein sein will. Wenn er nachdenken will. Niemand kennt die Grotte. Nur Kull und ich. Ich werde hingehen und sehen, ob Kull dort ist.«

»Nein!«, schreit Kri. »Die Zeit ist zu kurz. Sag mir den Weg. Ich bin schneller. Jeden Augenblick können Sim-clan und Tui-clan ...«

Kri spricht nicht weiter. Klappern von Holz ist zu hören. Gleichmäßige Schläge von Holz auf Holz. Von draußen kommt es, vom Hügel kommt es her. Vom Hügel, hinter dem das Lager der Tui-clan liegt.

Kri und Sprichtnicht rennen zum Rand des Felsdachs, Dreibein hinkt hinterher. In einer langen Reihe tauchen die Rindermenschen hinter der Hügelkuppe auf. Rot bemalte Gesichter, rote Zeichen auf Armen und Beinen. Speere und Spieße ragen in die Luft, wie die langen Haare einer roten Raupe. Kein Schreien, kein Brüllen. Nur die Holzspeere klappern im Takt der Schritte.

Bis zur halben Höhe des Hangs wälzt sich die rote Raupe herunter. Dort macht sie Halt. Die Rindermenschen warten. Kein Klappern mehr. Stille.

Sprichtnicht zieht Dreibein und Kri tiefer unter das Felsdach zurück, um nicht gesehen zu werden. Hastig flüsternd sagt Kri: »Sprichtnicht, bitte! Sag mir den Weg zur Roten Grotte. Ich kann schneller laufen als du. Und – Kull hört auf mich. Wenn er in der Roten Grotte ist, bringe ich ihn her.«

Sprichtnicht senkt den Kopf. Dann deutet er: »Kull hat mir verboten, den Weg zur Roten Grotte zu verraten.«

Kri stampft zornig mit dem Fuß auf. »Sprichtnicht, denk doch nach: Wenn du dich auf den Weg machst und die Tui-clan sehen dich, könnten einige von ihnen Jagd auf dich machen. Du bist ein Mann. Eine Frau wie mich beachten sie nicht. Frauen nehmen am Kampf nicht teil. Nun komm schon, Sprichtnicht!«

Sprichtnicht zögert. Er weiß nicht recht. Er tritt von einem Bein auf das andere. Dann endlich gibt er nach.

Lang ist der Weg und schwierig: eine steile Felswand, eine tiefe Schlucht, ein reißender Bach. Bergauf, bergab dann wieder bergauf. Kein ausgetretener Weg. Geröll und Steine. Selbst für Kri kein leichter Weg.

Kaum hat Dreibein die letzten Zeichen Sprichtnichts erklärt, läuft Kri los. Sie huscht vom Felsdach ins Freie, nützt große Steine zur Deckung und schon ist Kri verschwunden. Kein Tui-clan hat sie gesehen. Die wachsamen Augen der Rindermenschen haben nur eine Krähe mit weißem Kopf aus der Höhle fliegen gesehen. Kri ist für die Augen der Menschen zu schnell.

»Lauf, Kri, lauf!«, ruft Dreibein leise. Doch Kri hört es nicht mehr. Sie ist schon weit weg.

Der Himmel ist schwarz, der Donner ist näher gekommen. Hinter den Schwarzen Bergen flimmert es gelb – Blitze.

Unruhe kommt in die Reihe der Tui-clan. Speere werden bereit gehalten. Flüstern und leise Rufe. Alle Augen richten sich auf den Hügel jenseits des Baches. Klappern von Holz kommt von dort. Das Klappern kommt näher. Die Sim-clan kommen.

Mit schmutzigem Gelb sind ihre Gesichter bemalt, schwarz sind ihre Arme und Beine. Die hellen Speere stechen in den dunklen Himmel.

Die Pferdemenschen kommen den halben Hügel herunter und stellen sich in einer langen Reihe auf. Etwas mehr als einen Speerwurf entfernt stehen sich die beiden Herden gegenüber. Der Bach fließt in der Mitte zwischen ihnen.

Lauter Donner kracht.

»Lauf, Kri, lauf!«, flüstert Dreibein.

16

Dreibein hat Angst. Er ahnt, dass der Krieg zwischen den Herden auch ihn töten wird. Krieg ist nichts, wo man dastehen und zusehen kann. Zum Krieg kann man nicht sagen: »Ich mach da nicht mit, Krieg, lass mich in Ruhe.« Krieg zertrampelt alles, was in seiner Nähe ist.

Von Kull weiß Dreibein, dass Krieg die Menschen verändert. Krieg zwingt Menschen Dinge zu tun, die sie sonst nie tun könnten. Krieg macht gute Menschen böse. Krieg tötet Männer, Frauen, Kinder, Alte. Krieg nimmt keine Rücksicht auf Krüppel wie Dreibein. Krieg macht neue Krüppel. Krieg wütet, zerstört, raubt, legt Feuer. Alles, was ihm im Weg steht, wird erschlagen, erstochen, durchbohrt, erwürgt. Der Krieg hört nur sein eigenes zorniges Gebrüll, sieht nur Tod und Blut, fühlt nur den Hass auf alles, was lebt.

Kull sagt, dass es nie zum Kampf zwischen Tui-clan und Sim-clan kommen darf, denn keiner von beiden würde überleben. Auch der Sieger nicht. Zu groß wäre die Zahl der toten Jäger. Die Menschenherde würde während der kalten, weißen Zeit verhungern.

Dreibein hockt unter dem Felsdach hinter einem Stein. Er sieht die Pferdemenschen auf der einen, die Rindermenschen auf der anderen Seite des Baches. Beide bereit zum Krieg.

Dreibein hat Angst, dass es zum Krieg kommt, bevor Kull hier ist. Wenn jemand den Krieg verhindern kann, dann Kull.

»Lauf, Kri, lauf!«, murmelt Dreibein immer wieder.

Nicht sofort fliegen die Speere zwischen den Herden. Zuerst fliegen die zornigen Schreie.

»Feige Mörder!«

»Dreckige Lügner!«

Hin und her schleudern Sim-clan und Tui-clan ihr böses, lautes Gebrüll. Nur der Donner über ihnen brüllt lauter.

»Eiternde Nashornbeule!«

»Bekackter Rinderschwanz!«

»Aufgeblähter Froschbauch!«

Schreien macht wütend. Wut lässt die Angst vergessen. Wut wächst in beiden Herden.

»Verfaultes Schweinegedärm!«

»Stinkende Rattenpisse!«

»Verwester Fischkopf!«

Die Wut ist am Kochen, die Angst ist verschwunden. Heiser werden die Stimmen der Rotbemalten, krächzend die Stimmen der Gelben.

»Kommt nur, ihr Dreckfresser! Wie Schmeißfliegen zerquetschen wir euch!«

»Verlauste Wolfsbälge! Wanzenfraß!«

Ein Gelber hebt seinen Umhang und zeigt den Roten seinen nackten Hintern. Drei andere machen mit den Lippen das Geräusch eines Furzes. – Wutgeheul bei den Roten, Gelächter bei den Gelben.

»Mammutfurzer! Schleimkotzer!«

»Blutsauger! Dünnscheißer!«

Ein Roter hüpft aus der Reihe und läuft zum Bach hinunter. Hier ist er in Reichweite der Speere des Gegners. Er hüpft und tanzt mit deftigen Bewegungen, um den Gelben zu zeigen, dass er ihre Speere nicht fürchtet. Dann schlägt er sein Wasser im Bach ab.

»Hier, für euch. Pissesäufer!«

Ein Speer der Gelben schwirrt durch die Luft und bleibt knapp neben dem Mann in der Erde stecken.

»Kommt näher, ihr blinden Schleimkröten, sonst trefft ihr nie!«

Noch ein Speer saust auf den Mann zu. Im letzten Augenblick kann er zur Seite springen. – Hohngelächter der Roten. – Einige Männer der Gelben lösen sich aus der Reihe, kommen mit wurfbereiten Speeren auf den Mann zu. Der rennt zurück, den Hügel bergan, zurück zur Reihe der Roten. Speere folgen ihm. Eine Speerspitze streift sein Bein und reißt eine blutige Wunde. Der Mann schreit auf und stürzt. – Böses Freudengeschrei bei den Gelben. – Wütendes Brüllen der Roten. Einige Rote kommen dem Gestürzten zu Hilfe, tragen ihn hinter ihre Reihe. Andere decken mit drohenden Speeren den Rückzug vor den nachrückenden Gelben.

Der Krieg hat einen großen Schritt getan. Nicht nur Schreie fliegen, jetzt fliegen auch Speere. Und einige treffen.

Zu spät, denkt Dreibein. Blut ist geflossen. Nichts kann die wütenden Herden mehr daran hindern, übereinander herzufallen. Das große Töten kann beginnen. Nichts kann den Krieg mehr aufhalten.

Doch, etwas kann. – Plötzlich wird es still. Keine Speere mehr. Die Männer ziehen sich in ihre Reihen zurück.

Maramuum, die Große Frau, kommt. Frauen tragen die hölzerne Bahre, auf der Maramuum auf roten Fellen sitzt. Langsam schwankt die Bahre den Bach herauf. Langsam nickt der Vogelkopf der Großen Frau. Ganz nah schlägt ein Blitz ins Land. Donner kracht.

Die Bahre wird abgestellt. Über Maramuum an den Abhängen der Hügel stehen die bemalten Männer. Die Roten auf der einen, die Gelben auf der anderen Seite. Maramuum sitzt in der Mitte.

Die Große Frau nimmt den Vogelkopf ab. Ihr Gesicht ist gerötet und verschwitzt. Streng blickt sie auf die Reihe der Pferdemenschen, dann auf die Rindermenschen. Dann spricht sie mit lauter, schriller Stimme.

»Sim-clan und Tui-clan. Vor nicht langer Zeit wurde ich hier heraufgetragen, um in der Höhle der Bilder das Fest der Großen Frau zu feiern. Warum habe ich mir die Mühe gemacht? Warum bin ich den schweren Weg in die große Halle gegangen? Warum habe ich das Lied der Geburt gesungen? Warum haben die Frauen die Steinfiguren an meinen Leib gepresst?«

Maramuum blickt zu den Sim-clan und fragt: »Warum, Tl-Tl? Warum wohl?«

Der Erste der Sim-clan stützt sich auf seinen Speer und blickt zu Boden, sagt nichts.

Die große Frau wendet den Kopf zu den Tui-clan. »Warum? Sag du es mir, Schleem, o großer Schamane. Warum?«

Schleem tritt von einem Fuß auf den anderen und schaut auf die schwarzen Wolken über ihm. Auch er schweigt. Maramuum sagt: »Warum so still auf einmal? Gerade vorhin war euer hässliches Rabengekrächze bis hinunter zur Höhle zu hören. Und jetzt diese Stille? – O ja, ihr wisst die Antwort auf meine Fragen. Ihr wisst genau, dass wir das Fest der Großen Frau feiern, damit wir Frauen viele Kinder gebären. Damit wir gesunde Kinder gebären. Damit wir genug Milch haben, die Kinder zu säugen. Das wisst ihr genau. – Und glaubst du, Tl-tl, und du, Schleem, und du, Feuerhaar, und du und du und du, dass wir Frauen die Schmerzen der Geburt auf uns nehmen, damit ihr ...«

Maramuum muss tief Luft holen und wischt sich den Schweiß vom Gesicht. Tl-Tl ruft vom Hügel herunter: »Große Frau ...«

»Halt den Schnabel, Erster der Sim-clan!«, kreischt Maramuum zornig. »Ich bin noch nicht fertig. – Glaubt ihr also, dass wir Kinder gebären, damit die Kinder, wenn sie groß sind, sich gegenseitig die Schädel einschlagen und einander die Speere in den Leib stoßen? Glaubt ihr das wirklich, ihr faulen Enteneier?«

Erschöpft schweigt die Große Frau. Stille bei den Männern. Nur Donner grollt.

Nach einer Weile spricht Tl-Tl. Lauter als der Donner rollt seine Stimme über das Tal.

»Große Frau. Wir verehren dich. Wir befolgen deinen Rat. Wir schätzen deine Heilkunst. Aber der Kampf ist Sache der Männer. Kampf ist nicht Sache der Frauen. Geh weg von hier. Hier wird gekämpft. Geh weg, sonst könnte dich ein Speer treffen.«

Maramuum bleibt sitzen. Der Krieg steht still.

Dreibein atmet auf. Zeit gewonnen. Lange werden sich Tui-clan und Sim-clan nicht aufhalten lassen, werden bald wieder mit dem Kampf beginnen. Ein wenig Zeit bleibt. Vielleicht genug Zeit für Kull, um den Kampf zu verhindern.

Lauf, Kri, lauf! Komm, Kull, komm! Bleib, Maramuum, bleib!

Maramuum rührt sich nicht von der Stelle. Zorniges Gemurmel in den Reihen der Männer, das lauter wird, immer lauter. Schreie fordern, dass die Große Frau den Kampfplatz verlassen soll. Laute, zornige Schreie. Drohende Schreie. Maramuum bleibt sitzen.

Ein Speer zischt knapp an Maramuum vorbei, bleibt zitternd in der Erde stecken. Ein zweiter Speer. Ein dritter. Maramuum rührt sich nicht. Maramuum bleibt, wo sie ist.

Ratlos blicken sich die Männer an. Mit Maramuum in der Mitte kann nicht gekämpft werden. Was tun? Man kann doch die Große Frau nicht mit einem Speer verwunden. Wegtragen? Rote und Gelbe müssten zuerst eine Vereinbarung treffen, müssten ruhig miteinander sprechen. Doch nicht jetzt. Jetzt, wo Krieg ist.

Ein Ruf aus der Reihe der Roten: »Maramuum, was sprichst du von Geburt und von gesunden Kindern? Du selbst hast ein totes Kind geboren!«

Das schmerzt mehr als eine Speerwunde. Die Große Frau dreht den Kopf zum Rufer. Tränen schießen in ihre Augen.

Ein Gelber schreit: »Große Frau – totes Kind! Große Frau – totes Kind! ...« Er schreit es immer wieder, schreit es immer lauter. Andere schreien mit, schreien gemeinsam: »Große Frau – totes Kind! Große Frau – totes Kind! ...«

Die Reihen der Roten und Gelben brüllen im Takt: »Große Frau – totes Kind! Große Frau – totes Kind! ...«

Füße stampfen im Takt auf den Boden. Holz schlägt auf Holz im Takt zum Gebrüll.

»Große Frau – totes Kind! Große Frau – totes Kind! ...«

Maramuum ist getroffen. Sie setzt den Vogelkopf auf, will ihre Tränen verbergen. Schluchzen schüttelt den großen Körper. Ihre Finger krallen sich in den weißen Umhang und ziehen ihn fest um den Leib. Sie will sich verstecken, ganz klein will sich die Große Frau machen, will nicht gesehen werden, will nichts mehr sehen und hören. Traurig blickt der Vogelkopf zwischen den hochgezogenen, zuckenden Schultern zu Boden. Die Trägerinnen nehmen die Bahre auf und tragen Maramuum zum Felsdach. Schrilles Geschrei begleitet sie.

»Große Frau – totes Kind! Große Frau – totes Kind! ...«

Erst als die Frauen die Bahre unter dem Felsdach absetzen, verstummt das Brüllen.

Aus. Vorbei. Dreibein lässt den Kopf sinken. Er hat keine Hoffnung mehr, dass Kull rechtzeitig hier ist. Die trampelnden Hufe des Kriegs waren schneller als Kris leichte Füße. Zornig schlägt Dreibein mit der Faust auf den Stein, hinter dem er hockt. Soll doch die Welt aus dem Gleichgewicht kippen, diese Welt mit ihren Menschen, die dümmer als Nashörner sind!

»Komm, Krieg, komm!«, zischt Dreibein bitter.

Plötzlich hört Dreibein ein seltsames Geräusch. Auch die Männer draußen vor dem Felsdach hören es. Sie ziehen die Köpfe ein und blicken verwirrt nach oben, zur Seite ... Sie wissen nicht, woher das Geräusch kommt. Geduckt stehen sie da und lauschen. Es klingt wie Wind, der durch einen engen Spalt im Fels pfeift. Unheimlich flüstert und schwirrt und singt es.

»Kull«, flüstert Maramuum, »nur Kull kann dieses Geräusch machen.«

Maramuums Gesicht ist noch nass von Tränen, aber sie lächelt.

»Ja, es ist Kull«, lacht eine Stimme hinter ihnen. Maramuum und Dreibein drehen sich um. Kri kommt aus Kulls Vorratskammer.

»Kri, wie kommst du ...?«, ruft Dreibein.

»Nicht so laut«, sagt Kri und kommt näher. »Ich habe die Rote Grotte gefunden. Kull war dort. Jetzt sind wir hier. Kull steht oben über dem Felsdach und macht dieses seltsame Geräusch mit dem Schwirrholz. Er hat an ein sonderbar geformtes Stück Holz einen Riemen gebunden und lässt es über seinem Kopf schwirren. Die Menschen können Kull nicht sehen und wissen nicht, woher das Geräusch kommt. Mich hat Kull herunter unter das Felsdach geschickt. Ein enger, steiler Gang führt von dort oben in Kulls Vorratskammer. Ich bin ja sooo froh, dass wir noch zur rechten Zeit gekommen sind. Ich wäre ja schon längst hier – aber Kull ... na ja, er wird alt.«

Das schwirrende Geräusch hat aufgehört. Kulls Stimme ist zu hören.

»Ihr Nashörner! Ihr rot und gelb bemalten Nashörner!«

Tief und laut kommt Kulls Stimme von der Spitze des Felsdachs. Die Männer blicken nach oben, die Münder offen.

»Kaum einen Tag habe ich euch allein gelassen und schon beginnt ihr euch wie Nashörner zu benehmen. Wollt kämpfen, wollt Krieg beginnen. Wollt euch gegenseitig die Speere in die Bäuche rennen. – Schluss damit! Zuerst wird geredet. Miteinander. Ruhig und besonnen. Nicht im Zorn. So will es der Brauch. Danach könnt ihr tun, was ihr wollt. Schlagt euch die Nashornschädel ein! Schneidet euch die Kehlen durch! Danach. Zuerst wird geredet! So ist das.«

Keiner rührt sich. Niemand spricht. Alle blicken nach oben.

»Tl-Tl, Erster der Sim-clan. Nimm drei deiner Jäger und komm mit ihnen unter das Felsdach. Ohne Waffen!«

Tl-Tl zögert. – Dann gehorcht er. Mit niedergeschlagenem Blick kommt er unter das Felsdach. Kulls Stimme fragt von oben: »Tui-clan, ihr roten Nashörner! Wer ist euer neuer Erster? Wer spricht für euch, seit Xan tot ist?«

Bewegung kommt in die Reihe der Roten. Ratlose Blicke, Flüstern, Finger zeigen. Nach kurzer Zeit tritt Schleem vor.

»Ah, Schleem, der berühmte Schamane«, ruft Kull. »Du auch: drei Männer, keine Waffen. Beeilt euch!«

Lauter Donner. Zur gleichen Zeit beleuchtet ein Blitz das Land mit blassem Gelb. Dann öffnen die Wolken ihre schwarzen Bäuche. Bäche fallen vom Himmel.

17

Dreibein steht in der hintersten Ecke nahe beim Eingang zur Höhle. Viele Menschen drängen sich unter das Felsdach. Tl-Tl und drei seiner Jäger sitzen auf einer Seite der Feuerstelle. Schleem und drei Tui-clan auf der anderen. Die übrigen Männer der Tui-clan und Sim-clan stehen am Rand unter dem Felsdach. Sie suchen Schutz vor dem Regen und wollen wissen, was gesprochen wird. Haarsträhnen kleben ihnen im Gesicht, die Kriegsfarben sind verschmiert und vom Regen verwaschen. Aus einigen Wunden rinnt Blut. Die Speere haben die Männer draußen abgestellt. Kull erlaubt keine Waffen unter dem Felsdach.

Rindermenschen und Pferdemenschen halten Abstand voneinander, trauen einander nicht, werfen sich böse, misstrauische Blicke zu.

Kull geht vor der Feuerstelle auf und ab, reibt sich den kahlen Kopf und denkt nach. Sein Umhang flüstert. Draußen rauscht der Regen.

Kull bleibt stehen und spricht: »Xan, der Erste der Tui-clan, ist tot. Er hat die Rindermenschen gut geführt. Er hat Frieden mit den Pferdemenschen gehalten. Auch die Sim-clan trauern um ihn. Drei Speere haben Xan getötet. Wir wissen nicht, wer sie geworfen oder mit ihnen zugestochen hat. Ein Mensch, vielleicht auch zwei oder drei haben Xan getötet. Die müssen wir finden und bestrafen. Kein Grund für Krieg. Krieg tötet viele, die keine Schuld an Xans Tod haben. Krieg zerstört beide Herden. Nur wenige überleben den Krieg und vielleicht ist gerade der Schuldige unter ihnen. Der lacht dann sein grausiges Lachen, lacht über die vielen Toten, die seinetwegen getötet wurden. – Wollen wir das?«

Die Männer an der Feuerstelle schütteln die Köpfe. Einer der Tui-clan ruft: »Es kann nur einer der Sim-clan gewesen sein. Kein Tui-clan würde den Ersten seiner Herde töten.«

Nicken auf der einen Seite, drohendes Gemurmel auf der anderen. Die rote Narbe im Gesicht von Tl-Tl zuckt zornig. Tl-Tl will aufspringen und seine laute Stimme durch den Raum unter dem Felsdach rollen lassen. Kull hält ihn zurück, hebt die Hand, fordert Ruhe. Kull spricht weiter.

»Lassen wir unsere Stimmen nicht aus dem Bauch kommen. Bauchstimmen sind Furze. Denkt mit dem Kopf und lasst nur gut überlegte Gedanken aus dem Mund. – Ja, es ist richtig, ein Sim-clan könnte Xan getötet haben. Aber genauso gut könnte es ein Tui-clan gewesen sein. Xan hatte eine scharfe Zunge und hat viele der Tui-clan damit verletzt. Viele waren zornig auf Xan. Einer hat seinen Zorn nicht vergessen, hat seinen Hass still mit sich herumgetragen, lange Zeit vielleicht. Dann, allein mit Xan und von niemandem gesehen, hat er die Speere geschleudert. Xan wurde heute in der Nacht getötet. Sim-clan, Tui-clan, denkt nach: Wer war heute Nacht nicht in eurer Höhle, nicht in eurem Lager? Hat sich jemand in der Nacht weggeschlichen? Ist jemand spät zurückgekommen? – Denkt nach!«

Flüstern und Murmeln. Schulterzucken. Fragende Blicke, ratlose Blicke. Kopfschütteln. Schleem steht auf und sagt: »Kull! Wir waren gestern hier bei dir. Xan, einige Tui-clan und ich. Du erinnerst dich. Wir haben einen Keinhals gejagt. Als ich gegangen bin, war nur noch Xan bei dir. Ihr seid hier beim Feuer gesessen und habt geredet – nein, habt gestritten. Was ist dann geschehen ...?«

Dreibein mag nicht, wie Schleem das sagt. Honigsüß ist Schleems Stimme. Zu süß. Jeder sieht die versteckte Beschuldigung.

Still ist es im Raum. Alles wartet auf Kulls Antwort. Kull lehnt an der Felswand. Dreibein sieht, dass Kulls Hände leicht zu zittern beginnen. – Nein! Nicht jetzt! Nur jetzt keinen Anfall von Kulls Krankheit! Kull muss reden, muss die Beschuldigung entkräften.

Kull nickt. Seine Stimme klingt müde. »Ja, ich war allein mit Xan. Ja, wir haben uns gestritten. Worüber, das geht euch nichts an. Zur Zeit der Dämmerung sind wir gegangen. Gemeinsam, den Hügel hinauf. Oben haben wir uns getrennt. Ich ging zur Roten Grotte, Xan zum Lager der Tui-clan. Dort ist er nie angekommen ...«

Stille, nur der Regen rauscht. Alle starren auf Kull. Das Zittern seiner Hände ist stärker geworden, schwarze Speichelblasen zerplatzen auf seinen Lippen.

Schleem setzt nach. Mit Honig in der Stimme holt er aus zum Schlag, der Kull treffen soll.

»Ich habe Xans toten Körper untersucht. Seine Wunden, die Spuren des Kampfs. Eine Hand war zur Faust geballt. Sie war schwer zu öffnen. Und das habe ich in Xans Hand gefunden.«

Schleem hält eine kleine, runde Knochenscheibe hoch. Auf ihr ist ein Wisent eingeritzt.

Dreibein zuckt zusammen. Es ist Kulls Scheibe. Kull hat sie gemacht. Kull hat sie Vogelnase zur Wisentjagd gegeben. Nach Vogelnases Tod wurde sie Kull zurückgebracht. Jetzt hat sie Schleem in der Faust des toten Xan gefunden.

Schleem lässt die Scheibe an der Schnur baumeln. Hin und her schwingt die Scheibe, für alle gut zu sehen. Schleems Zunge hängt weit aus seinem Mund. Keine Lüge auf ihr. Die Menschen starren auf die Scheibe. Dann starren sie auf Kull.

Kull versucht zu lächeln. Nur ein schwaches Zucken gelingt seinen schwarzen Lippen. Er spricht mit großer Anstrengung. Seine Stimme gurgelt und ist schwer zu verstehen.

»Na und? Die Knochenscheibe mit dem Wisent lag hier, irgendwo unter dem Felsdach. Viele Menschen waren hier. Jeder könnte sie genommen haben. Jedem könnte sie im Kampf mit

Xan entrissen worden sein. Oder – jeder könnte sie dem sterbenden Xan in die Hand gedrückt haben ... Jeder, nicht nur ich ...«

Stille. Alles blickt auf Kull. Kull hat die Augen geschlossen. Sein Gesicht, sein Körper sind starr. Nur die Hände zittern. Regen rauscht vor dem Felsdach. Langsam steht Tl-Tl auf. Seine Stimme dröhnt, doch kein Zorn ist in ihr.

»Kull? Kull soll Xan getötet haben? Niemals. Ich kenne Kull schon lange. Ich kenne ihn gut. Kull tötet keinen Menschen. Das kann er nicht. Immer wieder sagt er uns, dass Jagd auf Menschen verboten ist. Und jetzt soll er selbst ...? Nein. Nicht Kull. – Jemand anderer hat die Knochenscheibe genommen, hat Xan getötet.«

Tl-Tl setzt sich wieder. Zustimmung bei den Sim-clan. Ratlosigkeit bei den Tui-clan. Plötzlich ein Ruf: »Dreibein! – Dreibein ist immer hier. Er hatte die meiste Gelegenheit, die Scheibe mit dem Wisent an sich zu nehmen.«

Alle Augen suchen Dreibein. Sie finden ihn und saugen sich an ihm fest. Köpfe nicken. Flüstern zischt. Feuerhaar grinst und lässt seine Zahnlücke sehen.

Ja. Dreibein. Der passt genau. Der ist nichts, der ist niemand. Kann nicht einmal richtig gehen. Niemand kennt ihn. Wer weiß, wo der herkommt. Der ist weder Sim-clan noch Tui-clan. Genau richtig. Der war es. Wer sonst? Einer muss es gewesen sein. Dreibein hat Xan getötet.

Dreibein blickt zu Kull. Der Schamane kauert am Boden. Seine Hände zittern heftig. Schwarzer Speichel rinnt aus seinem Mund und bildet eine Lacke am Boden. Nein, Kull kann nicht für Dreibein sprechen, kann ihm nicht helfen. Niemand kann. Niemand will. – Doch. Maramuum spricht für Dreibein. Sie überschreit das lauter werdende Gemurmel: »Dummes Erpelgeschnatter! Ihr braucht einen Schuldigen und nehmt euch den, der sich nicht wehren kann. – Dreibein. Zum Lachen. Mit seinen drei Beinen schafft er es doch kaum den Hügel hinauf. Und da soll er noch einen erfahrenen und starken Jäger wie Xan töten? Er kann doch keinen Speer mit aller Kraft werfen, ohne das Gleichgewicht zu verlieren. Wenn ihr Dreibein als Schuldigen nehmt, dann ist der Mörder Xans noch immer unter uns. Denkt darüber nach. Dreibein soll der Mörder sein? Hirnloses Spatzengetschilpe!«

Stille für kurze Zeit. Dann schreit Feuerhaar: »Heute früh habe ich Dreibein heimlich zugesehen. Er hat einen Stock, einen Zauberstock. Böse Geister müssen den Stock Dreibein gegeben haben. Mit diesem Stock kann er Speere weit fliegen lassen. Viel weiter als wir Männer, die mit zwei Beinen fest auf dem Boden stehen. Und das, ohne sich anzustrengen. Ich habe es selbst gesehen. Um Xan zu töten, braucht Dreibein nicht den Hügel erklettern. Von hier schleudert er den Speer mit dem Zauberstock und die bösen Geister lassen den Speer den Hügel hinauffliegen und lenken ihn in Xans Leib. So muss es gewesen sein!«

Feuerhaar hält Dreibeins Speerarm hoch. Alle sehen den geschnitzten Stab mit dem vorstehenden Vogelschnabel und dem Steinbock als Griff. Ein klarer Beweis. Zauberei, böse Geister. Dreibein – der Mörder Xans.

Dreibein weiß, jetzt kann die wütenden Männer nichts mehr halten. Nicht Kull noch Maramuum können ihm helfen. Nur Dreibeins drei Beine können. Weg von hier. In die Höhle. Jetzt.

Eine Hand hält ihn zurück. Sprichtnicht. Schnell hängt Sprichtnicht einen Beutel um Dreibeins Schulter und drückt ihm ein brennendes Fettlicht in die Hand. Dann macht er das Zeichen des Wassers. Dann stürzt sich Dreibein in den Höhlengang.

Hinter ihm kippt die Welt aus dem Gleichgewicht.

18

»Dreibein hat Xan getötet!« – »Haltet ihn!« – »Tötet Dreibein!« – »Ihm nach! ...«

Die zornigen Schreie hinter Dreibein werden rasch leiser. Dreibein bewegt sich schnell durch den Höhlengang. Schon oft ist er den Weg gegangen, kennt jeden Stein, jede Vertiefung, jede Nische, jeden Vorsprung. Er weiß, wo er sich bücken muss, worauf er sich stützen kann, wo er den Krückstock aufsetzt. Er weiß, wann er die Krücke in den Tragriemen seines Beutels zu stecken hat, um schneller mit Händen, Knien und Fußstummel weiterzukommen.

Dreibein glaubt, dass Männer mit zwei gesunden Füßen, die die Höhle nicht so gut kennen, auch nicht schneller vorankommen. Er hofft auch, dass sein Vorsprung schon groß ist, bis die Männer ihre Waffen geholt, Fackeln oder Fettlichter entzündet haben und bis Tl-Tl einige Männer ausgewählt hat, die Dreibein fangen sollen. Zu viele würden sich im engen Höhlengang nur im Weg stehen.

Dreibeins Verfolger würden langsam weiterkommen. Sie müssen in jede Nische leuchten und jeden kleinen Seitengang erkunden, um zu sehen, ob sich Dreibein dort versteckt hält. Das gibt Dreibein Hoffnung.

Hoffnung? Worauf? – Dreibein hofft, dass er genügend Zeit gewinnt, um ein Versteck zu finden, das seine Verfolger nicht entdecken. Er hofft, dass die Männer nicht zu lange nach ihm suchen, hofft, dass danach sein Licht noch reicht, um wieder zum Ausgang zu gelangen. Und dann hofft er, dass die Männer der Tui-clan und Sim-clan nicht mehr unter dem Felsdach auf ihn warten.

Zu viele Hoffnungen, die sich aufeinander stützen, wie Dreibein auf seine Krücke. Erfüllt sich eine nicht, fallen alle anderen. Zu schwache Hoffnungen. Und dann? – Wenn Dreibein wieder aus der Höhle ist, was dann? – Bei Kull kann Dreibein nicht bleiben. Kull kann den Mörder Xans nicht schützen. – Fortgehen? Weit weg von hier alleine leben? – Weit wird Dreibein nicht kommen. Lange Zeit kann er mit drei Beinen nicht überleben. Keine Hoffnung. Doch Dreibein will jetzt noch nicht sterben.

Keuchend und schweißnass bleibt Dreibein in der großen Halle stehen. Wohin jetzt? In den Raum, in den Kull den Wisent gemalt hat? Viele Gänge zweigen dort ab, die Dreibein nicht kennt. Die Jäger, die Kull zu den Jagdbräuchen dorthin führt, kennen sich in diesem Teil der Höhle vielleicht besser aus als Dreibein. Nein, kein guter Weg.

Noo, der verbotene Schlund? Würden die Verfolger es wagen, dort hinunterzuklettern, um nach Dreibein zu suchen? – Dreibein wagt es nicht, sich dort zu verstecken. Zu groß ist das Grauen vor Noo, dem Schlund, der nicht gestört werden will. Nein, der verbotene Schlund ist kein Versteck für Dreibein. Auch das Seil, an dem Dreibein hinunterklettern müsste, würde sein Versteck verraten.

Zur Halle der Bären, in der der See liegt? – Kull hat gesagt, dass nur er und Sprichtnicht diesen Ort kennen. Und Sprichtnicht hat das Zeichen des Wassers gemacht, bevor Dreibein in die Höhle geflohen ist. Sprichtnicht muss den See gemeint haben. – Ja, weiter zur Halle des Bären!

Schon hört Dreibein hinter sich das Geräusch von vielen Schritten und bedrohlichen Stimmen. Noch sieht er keinen Lichtschein. – Weiter! Dreibein hastet durch die große Halle, vorbei an der Wand der Hände, vorbei an Noo, dem verbotenen Schlund, hinein in den niedrigen, engen Gang, der zur Halle der Bären führt.

Hier braucht er die Krücke nicht. Wie ein Käfer krabbelt Dreibein weiter in das Innere des Berges. Hände, Knie, Ellbogen und Fußstummel scheuern sich blutig an rauen, spitzen Steinen. Dreibein fühlt den Schmerz nicht. Weiter! Weiter! Schneller! Schneller!

Beim Eingang zu seiner kleinen Bildhöhle muss Dreibein Halt machen. Der Atem rasselt, Schweiß rinnt in Bächen vom Körper. Das Herz schlägt wild. Durch seinen Kopf schießt ein Gedanke: Der geheime Gang! Der Gang, den Dreibein entdeckt hat, der mit der Zeichnung des durchbohrten Mannes, der Gang, der auf den Grund des verbotenen Schlundes führt. Ein Versteck für Dreibein? Niemand kennt den Zugang von dieser Seite. Nur Dreibein weiß davon. Ein gutes Versteck! Von der Richtung des verbotenen Schlundes her würden seine Verfolger nicht suchen, da das Seil nicht in den Abgrund hängt, und von hier, von Dreibeins Bilderhöhle ... Nein. Dreibeins Hoffnung stürzt in sich zusammen. Er müsste Kopf voran in den Gang kriechen. Wie soll er da den Zugang wieder mit Steinen verschließen? – Kein Versteck für Dreibein.

Stimmen und Schritte hallen durch den Gang. Dreibein kann nicht sagen, woher die Schritte, die Stimmen kommen, wie weit weg sie sind. In der Höhle werden Geräusche weit getragen, schlüpfen durch Spalten und Löcher, werden von glatten Wänden zurückgeworfen, prallen von hohen Decken ab und vermischen sich mit neuen Geräuschen. – Dreibein scheint es, dass seine Verfolger die große Halle erreicht haben. Doch er ist sich nicht sicher, ob sie nicht schon in den Gang zu ihm her eingedrungen sind.

Weiter, schneller! Drei Beine stolpern mühsam den Gang entlang. Dreibeins Schatten zuckt auf der Decke des Ganges hinter ihm her. Die Kräfte lassen nach, das Herz hämmert, die Lunge bekommt nicht genug Luft. Jetzt nicht nachlassen! Nicht langsamer werden! Noch ist Dreibein nicht in Sicherheit. Weiter! Schneller!

Endlos lang erstreckt sich der Gang in den Berg. Dreibein kann sich nicht erinnern, beim ersten Mal so weit gegangen zu sein. Da schien der Weg kürzer. Zweifel schreit in Dreibein auf. Zweifel schreit ihn an und fragt, ob er noch auf dem Weg zur Halle des Bären ist, ob er eine Abzweigung übersehen hat, den falschen Weg geht, der vielleicht in einem Abgrund endet.

Und wenn schon, seufzt die Verzweiflung. Was macht es schon aus? Die Verfolger kriegen dich ohnehin. So oder so. Es gibt keine Rettung für Dreibein.

Bleib stehen, stöhnt die Erschöpfung. Setz dich hin, ruh dich aus! Kurze Zeit nur. Dein Körper kann nicht mehr.

Weiter, schneller, brüllt die Angst. Stimmen und Schritte kommen näher! Gleich haben sie dich! Weiter, weiter! Schneller, schneller!

Und die leise Stimme der Hoffnung flüstert: Ein kurzes Stück noch, es kann nicht mehr weit sein. Dann bist du in Sicherheit.

Dreibein folgt der Stimme der Hoffnung. Ein kleines Stück noch, eine Krümmung im Gang, dann – endlich! Der Saal der Bären. Ahh! – Dreibein lehnt sich an den Felsblock mit dem weißen Bärenschädel darauf und lässt sich zu Boden gleiten. Arme und Beine zucken wild für eine Weile, dann lösen sich die verkrampften Muskeln. Herzschlag und Atem werden ruhiger. Dreibein schließt die Augen. In der Stille plätschert der schwarze See.

Für einen Augenblick muss Dreibein eingeschlafen sein, jetzt schreckt er hoch. – Sein Fettlicht! Nur mehr wenig Fett, der Span schon weit hinuntergebrannt. Dreibein kramt im Beutel, den Sprichtnicht ihm mitgegeben hat. Ah! Mehr Fett, einige Späne, der Feuerstab und Zubehör. Guter Sprichtnicht! Sprichtnicht denkt an alles. Sprichtnicht sieht alles voraus.

Dreibein hört Getrampel und Schreie. Weit weg. Keine Gefahr für Dreibein. Er füllt das Fettlicht auf und steckt einen neuen Span hinein. Der Lärm von Schritten und Stimmen kommt näher.

Keine Gefahr. Nur Kull und Sprichtnicht wissen von der Halle der Bären. – Falsch! Falsch, falsch, falsch, zuckt es durch Dreibeins Kopf. Wenn er allein die Halle gefunden hat, so können das auch seine Verfolger. Sie brauchen nur den Gang weiterzugehen, dann sind sie hier. Dann haben sie ihn. – Nashorn, was für ein Nashorn er gewesen war! Die Halle der Bären ist kein Versteck für Dreibein.

Weg von hier! Weiter! Eilig stemmt Dreibein sich hoch. Er leuchtet in Nischen und schmale Gänge. Sie führen nicht weit, enden nach einigen Schritten. Kein Ausgang aus der Halle der Bären. Dreibein sitzt in der Falle. Der Lärm der Verfolger kommt näher.

Wasser! Sprichtnicht hat Wasser gedeutet. Der See. Dreibein kann es nicht glauben. Auf der anderen Seite des Sees ist die harte, undurchdringliche Wand aus Wachsenden Steinen. Dorthin? Dort soll ein Versteck sein? – Dreibein hat Angst vor dem schwarzen Wasser. Er weiß nicht, wie tief der See ist, weiß nicht, ob er mit drei Beinen am Grunde des Sees gehen kann, weiß nicht, ob er schwimmen kann.

Näher, drohender kommt der Lärm aus dem dunklen Gang hinter ihm. Dreibein setzt seinen Fuß ins Wasser. Ah! Wie spitze Dornen sticht die Kälte durch seinen Fuß. Bis in die Knochen dringen die Dornen der Kälte. Dreibein weiß, er darf nicht schreien, nicht stöhnen.

Bis zu den Knien in stechender Kälte watet Dreibein weiter. Mit dem Krückstock tastet er den Grund vor ihm ab, um tiefe Stellen zu entdecken. Vorsichtig setzt er die Krücke auf. Sie darf nicht abrutschen. Wenn Dreibein ins Wasser fällt, fällt mit ihm das Licht. Verloschenes Licht wäre das Aus für Dreibein.

Weiter! Schneller! Lange hält Dreibeins Körper die Kälte nicht aus. Nahe beim steinernen Wasserfall reicht das Wasser bis zum Bauch, dann bis zur Brust. Dreibein hält Licht und Beutel über den Kopf.

Die Wachsenden Steine glänzen rötlich. Sie sind nass. Sie sind hart. Sie lassen Dreibein nicht durch. Verzweifelt watet Dreibein die Wand der Wachsenden Steine entlang. Seine Zähne klappern. Schon dringt schwacher Lichtschein aus dem Gang, aus dem Dreibein gekommen war. Tosender Lärm füllt die Halle.

Da – eine Falte im Stein. Von vorne ist sie nicht zu sehen. Seitwärts gehend kann sich Dreibein zwischen die zwei Steinwände schieben. Eng ist der Raum. Brust und Rücken berühren Stein. Dreibein macht sich dünn und zwängt sich durch. Ein Stück. Dann geht es nicht mehr weiter. Die Felsfalte ist zu Ende. Doch vor ihm ist eine kleine Öffnung. Zwei Handbreit Raum ist zwischen Wasser und Fels. Dreibeins Hand tastet durch die Öffnung, tastet, was dahinter ist. – Ja! Dahinter wird der Raum wieder größer, höher. Hier muss Dreibein durch, ohne sein Licht zu verlöschen, ohne Wasser in den Beutel zu kriegen.

Zuerst hält Dreibein Licht und Beutel durch die Öffnung. Jetzt folgt sein Körper. Bis zur Nase muss sein Kopf unter Wasser, um unter dem Fels durchzukommen. Gleich ist es geschafft.

Ganz plötzlich ist kein Boden unter Dreibein. Fuß und Krücke finden keinen Halt. Sein Körper sinkt tiefer, der Kopf taucht unter. Wild strampelt Dreibein mit den Beinen. Sein Arm schlägt um sich, die Hand versucht sich im Wasser festzuhalten. Dreibeins Knie schlägt gegen einen Stein, sein Fuß kommt wieder auf festem Boden zu stehen. Dreibein reißt den Kopf hoch, schnappt nach Luft. Ahhh.

Erst jetzt bemerkt Dreibein, dass er die Hand, die das Licht hält, hoch über den Kopf gestreckt hat. Das Licht brennt noch, der Beutel ist trocken geblieben. Die Krücke schwimmt neben Dreibein.

Nach wenigen Schritten ist er im seichteren Wasser, dann steht er auf trockenem Fels.

Zitternd vor Kälte hockt sich Dreibein nieder. Wasser rinnt von seinem Körper, rinnt zurück in den See. Auf der anderen

Seite der Wachsenden Steine hört Dreibein Stimmen. Tl-Tl, Feuerhaar, Schleem, andere. Kleine Wellen tragen das Licht ihrer Fackeln in Dreibeins Versteck. Schnell löscht Dreibein sein Licht, lässt nur einen roten Funken glühen. Die Wellen sollen den Verfolgern nicht sagen, dass hinter den Wachsenden Steinen Licht brennt. Dreibeins Licht. – Dunkel ist es um Dreibein. Nur die roten Lichter der Suchenden tanzen auf den schwarzen Wellen.

Dreibein steckt die Faust in den Mund. Das Klappern seiner Zähne soll ihn nicht verraten. Lieber will Dreibein vor Kälte sterben als entdeckt zu werden.

19

Die Verfolger finden Dreibein nicht. Der Lichtschein auf dem Wasser verschwindet, Stimmen und Schritte entfernen sich, werden leiser. Dann ist es still und dunkel. Dreibein nimmt die Faust aus dem Mund und atmet auf. Seine Zähne klappern wieder.

Dreibein bläst in den roten Funken in seinem Fettlicht. Bald flackert die Flamme hoch. Doch Dreibein sieht nur das Wasser und die Wachsenden Steine vor sich. Zu beiden Seiten und hinter ihm bleibt es dunkel. Keine Decke über ihm wirft den Schein seines Lichts zurück. Weit weg sind Decke und Wände, groß muss der Raum sein, in dem Dreibein hockt.

Dreibein steht auf und macht einige Schritte. Sein Körper ist ohne Gefühl, Arme und Beine sind steif. Sein Fuß stößt einen Stein zur Seite. Laut verhallt das kollernde Geräusch in der Dunkelheit.

Viele Schritte geht Dreibein, bis sein Licht eine Felswand beleuchtet. Am Fuß der hohen Wand geht Dreibein weiter. Wieder viele Schritte. Dann steht er plötzlich still. Vor ihm auf dem Boden liegt etwas, das kein Stein ist. Dreibein bückt sich und leuchtet. Seine Augen werden groß.

Hier liegen Beutel mit Farbstaub, Pinsel, Fettlichter, Fackeln, ein großes Stück Fell, ein Stoß mit trockenem Holz. Langsam steigt in Dreibein eine Ahnung auf. Dann weiß er: Er steht in der neuen Halle der Bräuche. Kull und Sprichtnicht haben schon alles zum Malen vorbereitet. Doch die Felswände sind leer. Kull hat noch kein einziges Bild gemalt.

Langsam kehrt Wärme in Dreibeins Körper zurück. Mit klammen Fingern hat er ein Feuer entzündet. Das trockene Holz, das er bei den Vorräten gefunden hat, prasselt und knistert, Funken fliegen. Die nasse Kleidung liegt zum Trocknen auf Steinen in der Nähe des Feuers. Dreibein hat sich in das große Stück Fell gewickelt.

Dreibein fühlt seinen Körper wieder. Die Haut brennt und sticht und schmerzt – doch es tut wohl. Es tut wohl, noch am Leben zu sein. Die Wärme macht Dreibein ruhig, löst seine verknoteten Muskeln, macht ihn schläfrig.

Er sitzt nahe am Feuer und blickt durch die Flammen auf die Felswand dahinter. Glatt ist der gelbliche Stein, keine Risse und Sprünge, keine scharfen Kanten. Weich und rund verlaufen Vertiefungen, Ausbuchtungen und Nischen. Wie das weite Land rollt der Fels vor seinen Augen. Dreibein sieht Hügel, Täler, Berge, Ebenen, Schluchten ... Schönes, friedliches Land.

Jetzt sieht Dreibein ein Nashorn. Wild läuft es über eine rote, staubige Hügelkuppe. Dreibein sieht das Tier nicht wie sonst, wenn er in seiner Bilderhöhle Tiere im Fels sucht. Dieses Tier ist anders. – Dreibein hat es schon einmal gesehen. Irgendwann. Irgendwo. Roter Staub steigt unter den trampelnden Hufen auf. Mehr und mehr roter Staub ballt sich zu roten Wolken. Die Wolken hüllen das Tier ein, wollen es verdecken.

Dreibein springt auf. Er weiß, er hat etwas gesehen, das bisher hinter rotem Staub verdeckt war. Dreibein hat einen Blick hinter die rote Staubwolke getan, hat ein kleines Stück von dem gesehen, was schon lange vergangen ist.

Plötzlich wird es Dreibein sehr heiß. Er wirft das Fell von sich, humpelt schnell zu den Farbbeuteln und rührt schwarze Farbe an. Dick, tiefschwarz muss die Farbe sein. So schwarz, dass er das Schwarz noch durch den roten Staub hindurch sehen kann.

Dreibein stellt sich vor das Nashorn. Schon will es im roten Staub verschwinden, lässt sich kaum noch erkennen. Dreibein malt mit dicken, kräftigen Strichen. – Ja, das Nashorn kehrt durch den roten Staub wieder zurück an die Felswand. Mehr schwarze Farbe, mehr Striche! Ganz schwarz bemalt Dreibein das Nashorn. Mit einem scharfen Stein schabt er um das Nashorn die schmutzig gelbe Schicht ab. Der Fels darunter ist weiß. Schwarz leuchtet das Tier auf dem weißen Untergrund. Jetzt sieht man es deutlich, jetzt kann es nicht mehr im roten Staub versinken.

Noch ein Nashorn sieht Dreibein. Knapp hinter dem ersten. Und noch eines taucht aus dem roten Staub auf. Dreibein malt. Sicher und schnell malt er die schwarzen Striche auf den Fels. Er schabt und kratzt mit dem Stein, damit das Weiß die schwarzen Tiere zum Leuchten bringt.

Mehr und mehr Nashörner rennen, trampeln schnaubend durch den roten Staub. Eine ganze Herde. In eine Richtung stürmen die Tiere. Nichts kann sie aufhalten. – Und Dreibein malt und schabt, malt und schabt. Malt schwarz, schabt weiß. Alles, was Dreibein sieht, will er vor dem roten Staub retten, will es vor dem Vergessen retten.

Nur nebenbei, ganz schnell und ohne es recht zu wissen, wirft er Holz in das Feuer, füllt Fettlichter nach, rührt mehr schwarze Farbe an. – Dann wieder zurück zu den Tieren im roten Staub, zu den Tieren am Fels.

Hinter den Nashörnern rennt ein Wisent. Schwarz die Mähne. Wuchtig die Hörner. Brüllend rast das Tier durch die Staubwolken. Hinter ihm folgen andere. – Dreibein klatscht die Farbe an den Fels, verwischt sie mit der Hand, um den Tieren mehr Körper zu geben. Er kratzt weiße Linien ins Schwarz, schabt weiße Flächen um die Tiere. Malen, wischen, kratzen, schaben.

Dreibein arbeitet schnell. Doch mehr und mehr Tiere werden sichtbar, wollen gemalt werden, müssen gemalt werden. Schweißtropfen rinnen an Dreibeins Körper hinunter.

Dreibein hört das Schnauben und Brüllen der Tiere, das Stampfen und Donnern der Hufe. Angst treibt die Tiere in eine Richtung. Angst vor etwas, das hinter ihnen her ist. Durch Rauch und roten Staub sieht Dreibein, was es ist: Feuer. Das Land hinter den Tieren brennt. Gras, Büsche, Bäume. Schnell fressen sich die Flammen weiter. Sturm treibt die Flammen vor sich her. Die Hitze, der Rauch, das Feuer machen die Tiere blind vor Angst. Blind stürmen sie weiter, drängen, stoßen einander zu Boden, trampeln übereinander hinweg. Weg von hier! Weg von den Flammen!

Mammuts kommen aus einer Wolke aus Rauch und rotem Staub. Laut dröhnen ihre Schritte und bringen den Boden zum Beben. In hellen Tönen schreien sie ihre Angst hinaus. Bären folgen ihnen, dann Löwen.

Blinde Angst und wilde Hast sind in den Bewegungen der Tiere. Angst vor dem Feuer. Einige Tiere versuchen auszubrechen, in eine andere Richtung zu laufen. Doch das Tal ist schmal und an den Seiten mit steilen Felswänden verschlossen. Es gibt nur eine Richtung – weg vom Feuer! Wer sich dagegen stellt, wird umgestoßen, niedergerannt, zertrampelt.

Und Dreibeins Pinsel rast über den Fels, hinterlässt schwarze Spuren, hinterlässt die wilde Flucht schnaubender Nashörner, brüllender Wisente, schreiender Mammuts, malt die Angst tobender Bären und die geschmeidigen Sprünge fliehender Löwen.

Dann lässt Dreibein den Pinsel sinken. Mit großen Augen sieht er, was der rote Staub ihm bisher verborgen hielt:

Vor den daherstürmenden Tieren sieht er Menschen. Eine kleine Menschenherde läuft um ihr Leben. Sie läuft an der Seite des

Tals eine Felswand entlang, versucht einen Durchschlupf zu finden, versucht den rasenden Tieren zu entkommen. Dreibein hört die Schreie der Menschen, sieht die Angst in ihren Augen. Die rote Wolke mit den stampfenden Tieren kommt rasch näher.

Dreibein erkennt die Menschen. Es sind die Menschen seiner Herde. Er sieht seine Mutter, seine Brüder, seine Schwestern. Er erkennt den Ersten der Herde, die Frauen, die Männer. Er kennt ihre Namen, er weiß um ihre Stellung in der Herde. Er kennt sie gut, kennt sie schon lange. Alle sind ihm vertraut. Dreibein sieht auch sich selbst. Er sieht sich laufen, allen voran, schnell, mit zwei gesunden Beinen. Im Laufen blickt er sich um, sieht die keuchenden Menschen hinter sich und nicht mehr weit die rote Staubwolke mit den donnernden Hufen, dem Schnauben, Fauchen und Brüllen.

Eine Manneslänge über sich sieht Dreibein einen Durchlass im Fels. Schnell versucht er hinaufzuklettern. Er findet Halt für seinen Fuß, einen Griff für seine Hand. Dreibein zieht sich höher. Doch jemand reißt ihn zurück. Dreibein fällt herunter, fällt in den Staub. Der Schamane seiner Herde hat ihn zurückgerissen. Die Angst des Schamanen ist so groß, sie lässt ihn nicht warten, bis Dreibein oben ist. Er muss zuerst hinauf, muss sich zuerst retten. – Dreibein springt auf, will dem Schamanen nach. Steine und Geröll poltern aus dem Durchlass über den Fels herunter, losgelöst vom hastenden Schritt des Schamanen. Dreibein springt zur Seite. Und dann ist es zu spät.

Er sieht gerade noch, wie ein kleines Kind unter stampfenden Hufen verschwindet, dann streift ihn etwas Hartes, schleudert ihn gegen den Fels, reißt ihn zu Boden. Ein stechender Schmerz in seinem Fuß, Knirschen zersplitternder Knochen. Dann wird es Nacht in Dreibeins Kopf.

Als Dreibein wieder erwacht, sind die Tiere weg. Weit entfernt hört er noch das Donnern ihrer Hufe. Rauch und roter Staub hängen in der Luft. Die Menschen seiner Herde liegen zu

Fleischklumpen zertrampelt auf der Erde. Tote Tiere liegen zwischen ihnen. Und Dreibeins Fuß ist kein Fuß mehr.

Heißer Wind bläst. Dann sieht Dreibein die ersten Flammen. Wie Zungen von Schlangen tasten sie sich am Boden entlang, suchen etwas zu fressen. Sie finden ein dürres Grasbüschel, verschlingen es, dann kriechen sie geduckt weiter, lecken am Boden, suchen neue Nahrung.

Dreibein hat keine Angst vor dem Feuer. Er will nicht weiterleben. Der wahnsinnig machende Schmerz in seinem Fuß, der nie mehr ein Fuß sein wird, und seine Menschenherde tot, zertreten. Das Feuer soll ihn fressen.

Doch Dreibeins Körper gehorcht nicht. Sein Körper will leben. Hände krallen sich in den Boden, ziehen den Körper weiter. Der unverletzte Fuß hilft mit, die Knie, die Ellbogen. Langsam, Stück für Stück schiebt sich der Körper durch den roten Staub, über Steine und Geröll, an toten Menschen und Tieren vorbei, hin bis zum Fluss. Der Körper rollt über feuchten Sand und bleibt im seichten Wasser eines Flussarms liegen. Es wird wieder Nacht in Dreibeins Kopf.

Noch immer steht Dreibein mit dem Pinsel in der Hand vor seinen Wandbildern. Die Farbe am Pinsel ist eingetrocknet, das Feuer brennt niedrig. Dreibein legt Holz nach. – Erst jetzt hört er die Stimmen. Ganz nah hört er sie, hinter der Wand der Wachsenden Steine. Stimmen und lautes Plätschern des Wassers.

Dreibein weiß, seine Verfolger sind in die Halle der Bären zurückgekommen. Sie haben den Schein seines Feuers gesehen. Zu spät, jetzt noch das Feuer zu verlöschen, zu spät um zu fliehen.

Dreibein bleibt stehen. Ruhe ist in seinem Kopf. Dreibein kennt die Bilder seiner Vergangenheit, weiß, woher er kommt, weiß, wer er ist. Ruhig blickt er auf das schwarze Wasser und erwartet das Auftauchen der Männer, die ihn töten werden.

20

Eine Hand mit brennender Fackel schiebt sich durch den engen Raum zwischen Wasser und Fels. Hand und Fackel bewegen sich über das Wasser auf Dreibein zu. Dann taucht der Kopf von Tl-Tl aus den schwarzen Wellen auf. Wasser rinnt von seinem Gesicht, seine Zähne klappern leise. Er schüttelt den Kopf, schüttelt Wassertropfen aus den langen, triefenden Haaren.

Mehr Hände mit Lichtern folgen. Schleem, Feuerhaar und einige Männer der Sim-clan und Tui-clan heben ihre Köpfe aus dem Wasser, schnappen nach Luft, wischen sich das Wasser aus dem Gesicht. Zuletzt taucht Kulls kahler Schädel auf.

Mit großen Augen starren die Männer auf Dreibein, der nackt, den Körper mit schwarzer Farbe verschmiert, vor den Bildern steht. Lange stehen die Männer da, keiner rührt sich, keiner spricht. – Dreibein versteht nicht. Warum schleudern sie nicht ihre Speere, stürzen sich nicht mit ihren Spießen auf ihn? Warum stehen sie wie erstarrt im kalten Wasser und schauen mit weit geöffneten Augen?

Jetzt watet Kull aus dem Wasser und macht einige Schritte auf die Bilder zu. Langsam geht er die Bilderwand entlang, oft bleibt er stehen, macht einige Schritte näher zu den Bildern hin, entfernt sich wieder. Kulls Augen werden zu schmalen Schlitzen, er legt den Kopf schief und nickt, nickt immer wieder. Nickt zufrieden und voll Achtung. Schließlich breitet er die Arme aus und flüstert: »Die neue Halle der Bräuche ... Sie ist bereit für das Fest der Gemeinsamen Jagd ... Dreibein hat die Bilder gemalt, hat gute Bilder gemalt ... Dreibein – vielleicht einmal der Schamane für Sim-clan und Tui-clan, dann, wenn Kull nicht mehr ist ...«

Kull hat leise gesprochen, doch laut hallt es im großen Raum.

Inzwischen sind auch die anderen aus dem Wasser gekommen und sind scheu vor die Bilder getreten. Scheu blicken sie auf Dreibein, mit offenen Mündern staunen sie die Bilder an. Lange Zeit sagt niemand ein Wort. Dann fragt Kull: »Dreibein, wie ...«

Doch Schleem unterbricht ihn. Hart und rau hallt seine Stimme.

»Der Raum ist gut für das Fest der großen Jagd. Die Bilder haben Kraft. Doch wir sind hier, um den Mörder Xans zu töten. Hier steht er: Dreibein. Worauf warten wir noch?«

Schleem macht einen Schritt auf Dreibein zu und hebt den Speer. Bewegung kommt in die Männer. Murmeln. Kulls Stimme

ist zornig: »Schleem! Du bist schnell dabei, wenn es ums Töten geht. Zu schnell. Wir wollen zuerst Dreibeins Geschichte hören. Wie es zu diesen Bildern gekommen ist, warum er sie gemalt hat. Dann wollen wir sehen, was mit ihm zu geschehen hat. – So ist das.«

Köpfe nicken, nur Schleem blickt finster zu Boden. Die Männer rücken näher ans wärmende Feuer und Dreibein erzählt.

Er erzählt von seiner Herde. Von der Jagd auf Rentiere. Der Schamane seiner Herde hatte schlechten Rat gegeben, hatte geraten, Feuer zu legen, um die Tiere zum Abgrund zu treiben. Dort würden sie hinunterstürzen. Viel Beute hatte der Schamane versprochen. Leichte Beute. Doch Wind war aufgekommen, trieb das Feuer weg von den Rentieren, blies das Feuer in eine andere Richtung. Wilder und größer wurde das Feuer, bald brannten große Teile des Landes. Die Flammen schreckten Nashörner, Wisente, Mammuts, Löwen, Bären auf, das Feuer trieb die Tiere vor sich her.

Dreibein zeigt auf die Bilder am Fels. Die Bilder erzählen von der Flucht der gehetzten Tiere. Die Männer nicken, sie verstehen. Kull murmelt: »Der wilde Lauf der großen Angst. Ich habe ihn einmal gesehen ...« Kull schüttelt die böse Erinnerung ab.

Dreibein erzählt weiter. Er erzählt, wie die Tiere plötzlich hinter ihnen aufgetaucht waren, wie er und seine Menschenherde in dem engen Tal gefangen waren und keinen Ausgang fanden.

Mit leiser, trauriger Stimme erzählt er, wie die Menschen seiner Herde den Tod gefunden hatten.

Kurze Zeit schweigt Dreibein. Dann sagt er mit lauter Stimme: »Und der Schamane, der uns den schlechten Rat mit dem Feuer gab, der mich niederstieß, um sich selbst zu retten – der steht hier – es ist Schleem!«

Mit zornig ausgestrecktem Arm zeigt Dreibein auf den Schamanen, der sich abseits auf einen Stein gesetzt hatte. Köpfe wenden sich Schleem zu, alle Augen starren auf ihn.

Der Schamane springt auf, macht einige Schritte zurück. »Lüge!«, schreit er und streckt seine Zunge aus dem Mund. »Alles nicht wahr! Ich kenne die Menschenherde nicht, von der Dreibein spricht. Ich habe Dreibein noch nie zuvor gesehen! Alles Lüge, Lüge, Lüge!«

Weit hängt Schleems Zunge aus dem Mund. Groß und schwarz fällt Schleems Schatten über die Bilder am Fels.

Dreibein sieht die misstrauischen Blicke der Männer. Er weiß, sie trauen Schleem nicht mehr, sie glauben ihm nicht. Sie glauben Dreibein, glauben seinen Bildern. Schleem hat ausgespielt.

Schleem schreit, seine Stimme überschlägt sich. »Selbst wenn diese Lüge wahr wäre, was macht das jetzt schon aus! Wir sind hier, um Dreibein zu töten, denn er, nur er, ist der Mörder Xans!«

Mit heraushängender Zunge stürzt Schleem auf Dreibein zu, drückt ihn an die Wand und presst seine Speerspitze an Dreibeins Kehle. Zu schnell war Schleem gewesen, niemand hatte ihn hindern können.

»Los, kommt! Weg mit diesem kleinen, dreckigen Krüppel!«

Doch Schleem stößt nicht zu, blickt nur auffordernd auf die

anderen. Wut, maßlose Wut steigt in Dreibein auf. Wut auf den Mann vor ihm, der ihn höhnisch Krüppel nennt, der ihn doch selbst zum Krüppel gemacht hat. Wut auf den Mann, der ihn des Tötens beschuldigt, der jedoch selbst die Schuld am Tod seiner Herde trägt. Wut auf diesen Zöpfchen tragenden, falschen, lügenden Zungenzeiger!

Dreibein spürt, wie ihm das Blut in den Kopf schießt, sein Gesicht rot macht. Tränen der Wut füllen seine Augen. Er ballt die Fäuste. Die Nägel schneiden ihm ins Fleisch. Er will sich auf Schleem stürzen, will auf ihn einschlagen, will seine maßlose Wut aus seinen Fäusten trommeln. Will die Wut in Schleems Gesicht trommeln, will ihm die schleimige Zunge zurück ins Maul trommeln. Dreibein will, obwohl er weiß, dass zuvor Schleems Speerspitze sich durch seinen Hals bohren würde.

Durch die Tränen der Wut sieht Dreibein Kull. Kull formt die Hand zu einem weichen Bogen. Vier Finger der anderen Hand tanzen darauf. Locker, leicht. Dreibein versteht: Das schwebende Pferd auf der weißen Wolke. Denken, reden – keine trommelnden Fäuste ...

Seit Dreibein weiß, wer Schleem ist, sucht er in seinem Kopf nach etwas. Nach einem Bild. Er weiß nicht, was auf dem Bild ist, weiß nicht, warum er sucht. Er weiß, nur ein Bild fehlt ihm, nur ein einziges Bild. Irgendwo in seinem Kopf ist es versteckt und schläft. Findet er das Bild, dann hat er Macht über Schleem, dann kann ihm Schleem nichts mehr tun. – Dreibein schielt hinunter auf Schleems Speerspitze, die die Haut seines Halses schmerzhaft spannt. Dort sieht Dreibein, was er sucht. Dort sieht er das Bild, das in seinem Kopf versteckt war. Jetzt ist es aufgewacht. Jetzt hat er Schleem!

Dreibeins Wut verschwindet. Er wird ganz ruhig, wird ganz sicher. Dreibein lächelt, aber seine Augen bleiben ernst. Er weiß, Schleem wird nicht zustoßen, dazu ist Schleem zu feige. Langsam fasst er Schleems Speer, drückt ihn weg von seinem Hals, nimmt Schleem den Speer aus der Hand. Ruhig und langsam, ohne Widerstand Schleems. Dreibein hält den Speer hoch und sagt mit ruhiger Stimme: »Seht ihr hier das Zeichen, eingekratzt auf Schleems Speer? Zwei kleine Striche, die nebeneinander laufen, sich an einem Ende näher kommen, aber sich nicht berühren. Schleems Zeichen. Dasselbe Zeichen hat Schleem gemacht, als er unter dem Felsdach den Steinbock in den Stein geritzt hat. Auf noch ein Bild hat er dieses Zeichen geritzt. Vom Grund des verbotenen Schlundes führt ein enger Gang weg. Dort ...«

»Nein, das war nicht ich«, schreit Schleem und zeigt die Zunge. »Ich war nie dort. Kull selbst, ja, Kull, er malt dort Bilder ...«

»Woher willst du wissen, dass ich dort Bilder male, wenn du nicht in Noo warst?« Kulls schwarze Lippen lächeln dunkel.

Erschrocken hält sich Schleem die Hand vor den Mund. – Dreibein spricht weiter.

»Und dort in diesem Gang ist ein Bild von einem toten Mann in den Fels geritzt. Drei Speere stecken in seinem Leib. Drei Speere steckten auch in Xans Körper. Unter diesem Felsbild ist Schleems Zeichen.«

Schleems Zeichen unter dem toten Mann. Das war das Bild, das in Dreibeins Kopf geschlafen hatte. Das Zeichen auf der Speerspitze hat es geweckt.

Zuammengekrümmt steht Schleem da, die Schultern hochgezogen. Sein Mund ist weit aufgerissen. Kein Ton lässt sich hören. Nur die Zunge schießt lautlos heraus und hinein, heraus und hinein ...

»Wenn Menschen Jagd auf ein großes Tier machen«, sagt Kull, »male ich das Tier auf die Höhlenwand. Damit die Welt nicht aus dem Gleichgewicht kippt und um die Männer auf die Jagd vorzubereiten. Schleem, du hast einen Menschen in die Höhlenwand geritzt, um Jagd auf einen Menschen zu machen, um dich auf Mord vorzubereiten. Schleem, du hast Xan getötet.«

Die Männer nicken und greifen nach den Speeren. Nur einen Augenblick steht Schleem starr. Dann reißt er einen brennenden Ast aus dem Feuer, rennt damit zum See, springt hinein und watet mit großen Sprüngen dem Ausgang zu. Seine Fackel zeichnet rote, zuckende Schlangen ins schwarze Wasser. – Schon wollen ihm die Männer nach. Da schreit Schleem. Lang. Laut. Schreit vor Entsetzen. – Alle sehen, warum Schleem schreit. Der Ausgang ist verschwunden! Keine Öffnung mehr zwischen Wasser und Fels, um das Licht durchzutragen. Das Wasser ist höher gestiegen und versperrt Schleem den Ausgang.

Schleem schreit noch, als er tiefer sinkt, schreit noch, als seine Fackel im Wasser verlöscht, schreit noch, als nur mehr sein Kopf aus dem Wasser ragt, und schreit noch, als Wasser in seinen aufgerissenen Mund dringt. Vielleicht schreit Schleem noch weiter unter Wasser, aber niemand hört es. Nur die Höhlenwände werfen Schleems letzte Schreie zurück. Dann ist es still.

Nie mehr wird Schleems Schreien zu hören sein.

21

Still ist es in der neuen Halle der Bräuche. Still sitzen die Männer um das kleine Feuer und werfen große Schatten an den Felsen. Nach langer Zeit spricht Kull: »Schleem ist tot. – Menschen, die andere Menschen töten, dürfen nicht in der Menschenherde leben. Der lebende Schleem hat großes Unglück gebracht, hätte noch viel Unheil angerichtet. Der tote Schleem kann keinen Schaden mehr bringen. Mit Schleems Tod soll auch unser Hass und unser Zorn auf ihn sterben. Werft weg euren Hass, euren Zorn auf Schleem, tragt nicht Hass und Zorn mit euch herum. Zu schwer ist diese Last, zu schwer drückt sie euch nieder. Vergeben wir Schleem, damit wir leichter leben ...«

Noch immer fühlt Dreibein Hass auf Schleem. Doch Kull hat Recht. Soll Dreibein sein Leben lang voll Zorn sagen, Schleem hat meine Menschenherde getötet, Schleem hat mich zum Krüppel gemacht? Das macht seinen Fuß nicht wieder ganz, das gibt ihm seine Herde nicht wieder zurück. – Einige Zeit wird Dreibein brauchen, um Hass und Zorn abzuwerfen. Doch Schleem ist tot und Toten vergibt man leichter als Lebenden.

Tl-Tl unterbricht Dreibeins Gedanken.

»Warum, Kull, warum, beim weiß schimmernden Mammutzahn, hat Schleem den Ersten der Tui-clan getötet? Warum nur?«

Kull reibt sich den kahlen Kopf. Dann sagt er: »Ich kann nicht in die Köpfe anderer Menschen sehen. Ich kann nur vermuten. Xan hat Schleems Geheimnis gekannt. Er hat gewusst, dass Schleem die Schuld am Untergang von Dreibeins Herde trug. Xan hat es mir erzählt am Abend vor jener Nacht, in der er getötet wurde. Ich habe mich mit Xan gestritten. Ich wollte, dass alle um Schleems Vergangenheit wissen, um dann zu beraten, was mit ihm zu geschehen hat. Doch Xan wollte das Geheimnis für sich behalten, um Macht über Schleem zu haben. Schleem müsste alles für Xan tun, damit Xan schweigt.

Vielleicht hat er darum Xan getötet. Vielleicht wollte er damit die Macht abschütteln, die Xan über ihn hatte. Ein toter Xan kann nicht reden, kann ihn nicht verraten. Vielleicht wusste Schleem, dass auch ich wusste, und vielleicht legte er dem toten Xan die Knochenscheibe mit dem Wisent in die Hand, damit man mich für den Mörder halten sollte und mich tötet. Doch das schlug fehl. Die Sim-clan glaubten ihm nicht.«

Dankbar nickt Kull dem Ersten der Sim-clan zu. Tl-Tl nickt zurück. Er ist stolz, zur rechten Zeit für Kull gesprochen zu haben. Kull spricht weiter: »Auch Dreibein war für Schleem eine Gefahr. Vielleicht hatte er Angst, dass Dreibein die Bilder seiner Vergangenheit wieder entdecken könnte, dass Dreibein sich erinnern könnte, wer Schleem wirklich war. Vielleicht hat er darum so hartnäckig auf einem schnellen Tod Dreibeins bestanden. Vielleicht.«

Die Männer blicken ernst auf Dreibein und nicken. Dreibein weiß, sie blicken nicht mehr durch den unnützen Krüppel hindurch, der weggejagt werden soll, sie blicken auf Dreibein, der nützliche Bilder gemalt hat, sie sehen in Dreibein ihren künftigen Schamanen.

Nur Feuerhaar steht auf, geht schnell auf Dreibein zu und bleibt vor ihm stehen. Alte Angst und böse Erfahrungen steigen in Dreibein hoch. Feuerhaar tritt von einem Fuß auf den anderen und knetet an seinen Fingern herum. Plötzlich geht ein Ruck durch seinen Körper und Feuerhaar schreit: »Ich bin zu dir wie ein faules, stinkendes, dreckiges, dummes, altes, bekacktes Nashorn gewesen! Verzeih mir!«

Die Männer lachen. Dreibein lacht. Feuerhaar lacht und lässt die Zahnlücke sehen. Dann setzt er sich schnell mit rotem Kopf an seinen Platz.

Lange noch dröhnt Lachen durch die große Halle. Als es wieder still ist, sagt Kull ernst: »Viele Menschen sind in letzter Zeit gestorben. Zu viele in zu kurzer Zeit. Vogelnase bei der Jagd, Maramuums Kind noch im Leib seiner Mutter, Xan durch die Speere Schleems und Schleem durch die Strafe der Höhle. Wir werden die Nächsten sein.«

Kull zeigt zum Ausgang, den das schwarze Wasser versperrt. Keine Öffnung, um Licht durchtragen zu können. Kein Weg hinaus.

»Als Sprichtnicht und ich die Vorräte an Farben und Holz hierher gebracht haben, sind wir nur bis zu den Knien im Wasser gegangen. Jetzt ist das Wasser hoch, jetzt gibt es keinen Weg durch. Einen anderen Ausgang gibt es nicht. Der Regen hat das Wasser steigen lassen. Ich weiß nicht, wann es wieder sinkt. Es kann lange dauern. Vielleicht zu lange für uns. Wir haben nichts zu essen und unser Licht brennt nicht für immer ...«

Die Männer blicken auf das Wasser, blicken auf Kull. Angst ist in ihren Augen. Dreibein weiß, die anderen Sim-clan und Tuiclan werden sie suchen, werden vielleicht bis zur Halle der Bären kommen. Aber sie werden das Licht hinter den Wachsenden Steinen nicht sehen, werden die Rufe der Eingeschlossenen nicht hören.

Kull steht auf und blickt auf die Männer hinunter. Tadel und Strenge ist in seiner Stimme.

»Oft habe ich es euch gesagt: Die Höhle der Bilder, hier im Bauch des Berges, ist ein Ort der Stille. Die Höhle verlangt Ruhe und Stille vom Menschen, will nicht Geschrei und Hast. Sonst rächt sie sich. – Aber ihr? Was habt ihr getan? Ihr seid hereingerannt mit Hast und Wut und Gebrüll, nur den einen Gedanken im Kopf – töten. Das erlaubt die Höhle nicht. Ihr habt mich, euren Schamanen, gezwungen mit euch zu gehen, euch das Versteck Dreibeins zu zeigen. Nicht ich, sondern der Lichtschein hat Dreibein verraten. Mit dem Gedanken ans Töten seid ihr durch das Wasser, hierher in die neue Halle der Bräuche vorgedrungen. Erst durch Dreibeins Bilder, durch Dreibeins Erzählung seid ihr zur Ruhe, zur Besinnung gekommen. Zu spät. Die Höhle hat sich gerächt. Sie hält uns fest. – So ist das.«

Die Männer nicken und lassen die Köpfe hängen.

Nur ein kleines Fettlicht brennt in der großen Halle. Zum Schlafen wird nicht viel Licht gebraucht. Nur das kleine Licht brennt, damit man für später, falls das Wasser irgendwann sinkt, noch Licht hat, um zum Ausgang der Höhle zu kommen. Die Männer schlafen. Im Schlaf spüren sie den Hunger nicht.

Dreibein wacht auf. Ein Geräusch hat ihn geweckt. Irgendwoher, aus der Dunkelheit der großen Halle ist es gekommen. Dreibein starrt in die Finsternis. Er sieht nichts. Ganz nah jetzt ein Flüstern.

»Eiei!«

Eiei. So hat Uum, der Keinhals, Dreibein genannt. Ein Schatten kommt langsam aus der Dunkelheit, kommt auf Dreibein zu. Uum hockt sich zu Dreibein. Uum lächelt nicht, sieht Dreibein mit ernsten Augen an.

Uum spricht mit den Händen. Immer wieder macht er die Bewegungen, bis Dreibein versteht: Uum kennt einen Weg aus der Halle. Er will ihn Dreibein zeigen. Dreibein allein. Nicht den anderen Männern. Uum fürchtet sich vor ihnen.

Plötzlich das Licht einer Fackel. Uum steht im Licht. Die Dunkelheit schützt ihn nicht mehr. Tl-Tl steht vor dem Keinhals, den Speer drohend auf ihn gerichtet. Uum weicht zurück, drückt sich an die Felswand. Voll Angst starrt er auf Tl-Tl. Auch die anderen Männer sind aufgewacht und stehen um den Keinhals.

Dreibein stellt sich vor Uum, steht zwischen Uum und der Speerspitze. Laut sagt Dreibein: »Nicht, Tl-Tl! Der Keinhals heißt Uum. Ich kenne ihn. Er will uns nichts tun. Er kennt einen Weg aus der Höhle.«

Tl-Tl zögert. Kull schreit ihn an: »Tl-Tl, du Nashorn! Wenn du den Keinhals tötest, tötest du auch uns. Nur er kennt den Weg hinaus. Tl-Tl, du denkst zu viel mit deinen Waffen, zu wenig mit deinem Kopf.«

Tl-Tl lässt den Speer sinken. Dreibein atmet auf.

Uum geht voran, die Männer folgen. Uum klettert ein Stück am Fels hoch und schiebt sich seitlich in eine Spalte. Niedrig und eng ist der Gang, durch den Uum die Männer führt. Sie gehen auf den Knien, sie kriechen am Bauch. Sie stoßen sich die Köpfe an Felsspitzen. Lang und in vielen Krümmungen windet sich der niedrige Gang. Bergan, bergab. Durch kalte Wasserlacken, über glitschigen Lehm, vorbei an großen, runden Steinen und über weichen, stinkenden Vogelmist. Nach einer engen Stelle weitet sich die Höhle. Sie stehen in einer nassen, tropfenden Höhle aus rotem Lehm und roten Steinen.

»Ah, die Rote Grotte«, ruft Kull. »Ich habe nicht gewusst, dass von hier ein Gang zur Höhle der Bilder führt. Manchmal wissen die Keinhals mehr als wir. Wir sollten sie nicht töten, wir sollten von ihnen lernen.«

Dreibein blickt sich um. Der Keinhals ist weg. So schnell und lautlos ist er verschwunden, wie er gekommen war. Doch Dreibein weiß, er wird ihn wieder sehen. Die Bilder im Berg lassen Uum nicht los.

Als sie aus der Grotte treten, geht die Sonne auf. Blass scheint sie durch den weißen Nebel.

22

Dreibein sitzt unter dem Felsdach und schlägt schwarze Steine zu schwarzem Staub. Dreibein macht lieber andere Dinge. Doch schwarzer Staub muss sein, um schwarze Farbe anzurühren, um Bilder zu malen. Kull braucht Farben, Dreibein braucht Farben. Menschen brauchen Bilder. Sie brauchen die Kraft der Bilder, nehmen die Kraft in sich auf, nehmen sie mit sich, brauchen die Kraft um zu jagen, zu leben ... Darum macht Dreibein diese Arbeit. Er macht sie gern, weil er weiß, die Menschen brauchen Bilder, brauchen Dreibein. Es ist gut, gebraucht zu werden.

Dreibein sitzt vor dem Bild, das Schleem in den Stein geritzt hat: Der Steinbock, der hinaus aus dem Felsdach, hinaus ins Freie zu laufen scheint. Immer wieder blickt Dreibein von seiner Arbeit auf und starrt auf das Bild. Etwas fehlt, etwas stört ihn. Er möchte etwas ändern und weiß nicht, was. Schleem hat das Bild gezeichnet. Schleem ist drinnen in der Höhle. Schleem wird nie mehr aus der Höhle kommen, wird nie mehr wie sein Steinbock ins Freie laufen. Schleem bleibt für immer in der Höhle.

Jetzt weiß Dreibein, was er ändern möchte. Mit einem spitzen Stein ritzt er neue Striche in Schleems Bild. Er gibt dem Steinbock einen zweiten Kopf. Einen, der zurück in die Höhle blickt, zurück zu Schleem. Zwei Köpfe hat das Tier. Ein Kopf blickt nach vor, hinaus zum Licht – der andere schaut zurück, hinein ins Dunkle. Und Dreibein weiß, so wie der Steinbock kann auch er in

zwei Richtungen schauen: nach vor zu dem, was sein wird, zurück zu dem, was war ...

Hinter Dreibein flüstert es. Kulls Mantel flüstert. Kull sagt: »Gut, Dreibein. Ich sehe, du hast Schleem vergeben. Du hast den Hass auf ihn weggeworfen. Du kannst zurückblicken – ohne Zorn.«

Dreibein nickt. Er hat viele Fragen an Kull. Es gibt so viel, was er wissen möchte, wissen muss. Doch Kull hebt die Hand.

»Warte mit deinen Fragen, Dreibein. Ich weiß, es gibt noch viel, was du lernen musst, bis du Schamane bist. Du wirst es lernen. – Jetzt aber habe ich eine wichtige Frage an dich. Der alte Schamane, von dem alle glauben, er wisse alles, fragt den jungen, der glaubt, er wisse nichts.«

Kull setzt sich zu Dreibein und fragt mit leiser Stimme: »Dreibein, die Bilder ... drinnen in der neuen Halle der Bräuche ... hast du sie gemalt, ohne ... ohne ... den schwarzen Staub in den Mund zu nehmen?«

Dreibein nickt. »Zum Anrühren der Farbe habe ich Wasser aus dem See genommen.«

Kull brummt vor sich hin und reibt mit der Hand über den glatten Kopf. Dann sagt er: »Die Bilder sind so echt, so stark, dass ich geglaubt habe, dass du ...«

Mehr hört Dreibein nicht, hört nur das Murmeln und Brummen Kulls.

Lange Zeit sitzt Kull so da, streicht immer wieder mit der Hand über den kahlen Schädel und murmelt und brummt vor sich hin, als ob Kull mit Kull streitet. Dann steht er auf und schlägt mit der Faust in die hohle Hand. Laut, fast zornig sagt er: »Wenn du, Dreibein, du kleines Nashorn, ohne das Gift des schwarzen Staubs solche Bilder malst, dann sollte Kull, das alte Nashorn, das auch können. – Kein schwarzes Gift mehr für Kull!«

Und etwas leiser, seufzend: »Ich will es zumindest versuchen.«

Der Umhang flüstert. Kull verschwindet in der Höhle.

»Sie kommen! Sie kommen!«, schreit es unten vom Bach zu Dreibein herauf.

Bis Dreibein zum Rand des Felsdachs gehumpelt ist, ist Kri auch schon da.

»Dreibein, sie kommen! Die Rentiere. Viele Herden, ganz große Herden. Schimmernder Mammutzahn! Sooo viele Tiere habe ich noch nie auf einmal gesehen. Sie kommen den Großen Fluss herauf. In wenigen Tagen werden sie hier sein. Siehst du, Dreibein, deine Bilder in der neuen Halle haben schon Glück gebracht. Und das, noch ohne das Fest der Gemeinsamen Jagd gefeiert zu haben.«

Kri ist ganz außer Atem. Nicht vom Laufen. Vom Laufen kommt Kri nie außer Atem. Kri keucht vor Aufregung und Freude. Auch Dreibein freut sich. Genug Fleisch und Felle für die lange, kalte, weiße Zeit. Und er hat mitgeholfen, hat die Bilder gemalt. Es tut gut, mithelfen zu können.

Ein wenig traurig sagt Kri: »Schade, dass ich nicht mit den Jägern mitdarf. Ich kann den Speer noch nicht weit und kräftig werfen. Ich muss den anderen helfen die Tiere zu treiben, sie in die Richtung der Jäger hetzen. Sooo schade!«

Dreibein geht zu seinem Lager und kommt mit einigen kleinen Speeren und dem Speerarm zurück.

»Hier, Kri, für dich. Ich habe es gemacht. Es gehört dir.«

Ratlos dreht Kri den Speerarm zwischen ihren Fingern. Ratlos blicken ihre Augen auf Dreibein. Enttäuscht sagt sie: »Der Stab ist sehr schön geschnitzt. Der Vogel. Der Steinbock. – Aber was soll ich damit?«

Dreibein lächelt und legt einen Speer in den Speerarm. Dann wirft er. Weit fliegt der Speer. Weit fliegt er hinunter zum Bach und bleibt im Sand stecken.

Kris Augen und Mund sind weit offen. Dann schreit sie: »Oh, du spitzer Bärenzahn! Dreibein! Der fliegt ja weiter, als Tl-Tl ihn je werfen könnte. Und keiner wirft den Speer weiter als Tl-Tl.

Aber das bring ich nie zusammen! Nie kann ich das! Nie! Niemals ...«

Doch schon nimmt sie den Speerarm, legt ein und wirft. Nur wenige Schritte von Kri entfernt bohrt sich der Speer in die Erde. Noch ein Versuch – zu steil steigt der Speer in die Höhe, überschlägt sich und fällt kraftlos und flach auf die Erde. Noch ein Versuch – wieder nichts.

Wütend nimmt Kri den letzten Speer und wirft, legt ihre Wut in den Wurf. – Kri schreit vor Freude. Scharf surrt der Speer und fliegt und fliegt und fliegt. Will nicht mehr aufhören zu fliegen. Weit fliegt er das Tal des Baches hinunter.

Tl-Tl und einige Jäger kommen um eine Krümmung des Tals. Hoch in der Luft senkt der Speer seine Spitze und saust in sanftem Bogen tiefer. Knapp vor den Zehen von Tl-Tl sticht der Speer in die Erde. Zitternd bleibt er stecken.

Tl-Tl wird weiß im Gesicht. Er blickt hinauf zu Kri, die erstarrt unter dem Felsdach steht. Wie wenn eine Felswand den Berg herunterkollert, brüllt Tl-Tl: »Kri, warst du das?«

Nicht sehr laut ruft Kri: »Ja ... ich ... verzeih mir ... ich wollte nicht ...«

»Sei still!«, dröhnt die Stimme des Ersten. »Du hättest mir fast den Fuß durchbohrt. Zur Strafe kommst du mit zur Jagd. – Zusammen mit den Jägern!«

Dann lacht der Erste der Sim-clan. Seine Jäger lachen mit.

Kri steht steif da. Ihr Ohr hat verstanden, was Tl-Tl gesagt hat, ihr Kopf noch nicht.

Dann lacht auch Kri.

Dann wirft sie ihre Arme um Dreibeins Hals, hängt sich an Dreibein. – Zwei Körper sind zu viel für drei Beine. Beide fallen zur Erde und lachen so laut, dass die Krähe mit dem weißen Kopf erschreckt hochflattert. Sie setzt sich auf einen Stein, legt den Kopf zurück und krächzt und krächzt und will mit dem Krächzen nicht aufhören.

Anhang

Erklärungen zur Geschichte »Der Höhlenmaler« und Infos über die Altsteinzeit

Die Stichwörter sind alphabetisch geordnet. Der Pfeil (➔) bedeutet, dass unter dem folgenden Stichwort mehr zu diesem Thema steht.

ALTAMIRA – Die Höhle von Altamira in Spanien ist eine der berühmtesten steinzeitlichen Bilderhöhlen. Die Bilder wurden 1879 vom Mädchen Maria de Sautuola entdeckt. Maria hatte ihren Vater in die Höhle begleitet, in der er nach steinzeitlichen Fundstücken suchte. Während der Vater emsig im Boden buddelte, lag Maria etwas gelangweilt auf dem Rücken und betrachtete die Höhlendecke. Und da entdeckte sie etwas, was heute weltberühmt ist: die Bilder der farbigen Wisente, die den Höhlendom bedecken. Mit ihrem Ausruf »Pàpa, bueyes!« (Papa, Ochsen!) begann ein neues, sensationelles Kapitel in der Geschichte der Menschen. Für lange Zeit stellte man die Echtheit der Bilder infrage, hielt ihr Alter (15 000 Jahre) für unvorstellbar und tat das Ganze als Fälschung ab, weil damals die Wissenschaft den Steinzeitmenschen künstlerische Fähigkeiten absprach. Heute nennt man die Höhle die »Sixtinische Kapelle der eiszeitlichen Kunst«, und als der Maler Picasso unter den Bildern stand, sagte er: »Niemand von uns ist in der Lage, so zu malen!«

Um die Bilder zu schonen, ist die Höhle derzeit nur für Wissenschaftler zugänglich, aber das Deutsche Museum in

Wisent in der Höhle von Altamira

München zeigt eine originalgetreue Nachbildung der Höhlendecke mit den Wisenten.

Das Pferd auf Seite 124 stammt aus Altamira.

(➔ Bilderhöhlen, Wisent)

AUEROCHSE – Der Auerochse (Urrind) ist der Vorfahre der heutigen Rinder. Er wurde bis zu 2 m hoch und wog 1300 kg. Die Darstellungen in den Höhlen sind häufig, doch dürften ihn die steinzeitlichen Jäger wegen seiner Gefährlichkeit nur selten gejagt haben.

Das große Rind auf dem Bild auf Seite 91 stammt aus der Höhle von Lascaux und ist mit einer Länge von 5,50 m die bisher größte Tierdarstellung der Höhlenkunst.

BÄR – Zwei Bärenarten lebten während der letzten Eiszeit: Braunbär und Höhlenbär. Der Braunbär hat bis heute überlebt. Der wesentlich größere, 2,50 m große Höhlenbär überwinterte tief im Berg in Kuhlen (Erdgruben), die bis zu einem Kilometer vom Höhleneingang entfernt waren. Gegen Ende der Eiszeit starb der Höhlenbär aus. Todesursache: Rheumatismus. Jagd auf dieses starke Tier war eher unwahrscheinlich. Durchbohrte Bärenzähne, die aus dieser Zeit gefunden wurden, könnten auch von toten Tieren stammen.

In der Höhle ➔ Chauvet wurde der Schädel eines Höhlenbären auf einem Steinblock gefunden. Die Szene auf Seite 60 erinnert daran. Die Bärenbilder auf den Seiten 56 und 63 stammen aus derselben Höhle.

Bärenschädel in der Höhle Chauvet

BILDERHÖHLEN – Über einen Zeitraum von 25 000 Jahren (35 000–10 000 Jahre vor unserer Zeit) krochen die Menschen in die tiefsten und entferntesten Winkel von Höhlen und malten dort ihre Bilder auf Fels. Bisher hat man über 300 solcher Höhlen gefunden. Die meisten davon im südlichen Frankreich und im Norden Spaniens. Vereinzelt gibt es Bilderhöhlen auch in Portugal, Italien, an der dalmatinischen Küste, in Rumänien, in Süddeutschland und in Russland.

Einige der wichtigsten Bilderhöhlen

Die Bilderhöhlen waren nicht bewohnt. Sie waren wahrscheinlich Kultstätten für feierliche Feste und Rituale, an denen einzelne Personen oder der ganze Stamm teilnahmen. (In der Höhle von Niaux in Frankreich fand man auch Fußspuren von Kindern.) Gewohnt wurde damals nur im Eingangsbereich der Bilderhöhlen, unter Felsüberhängen und in Zelten aus Tierhäuten.

Die in diesem Buch beschriebene Höhle gibt es nicht in Wirklichkeit, sie wurde für diese Geschichte erfunden. Die Bilder in ihr gibt es, sie stammen jedoch von verschiedenen Höhlen in Portugal, Spanien und Frankreich. Siehe dazu den Plan der Höhle auf Vor- und Nachsatz.

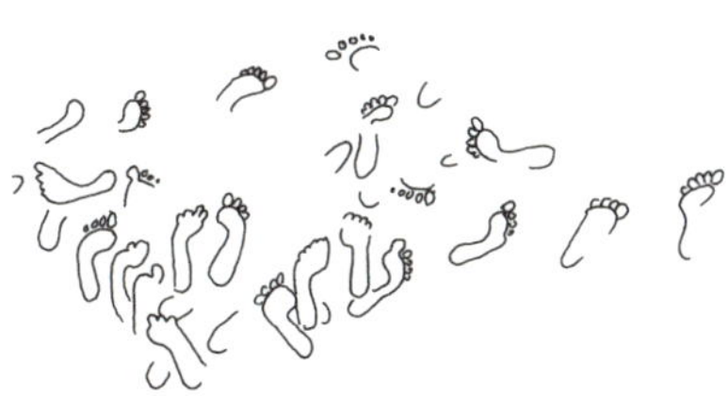

Steinzeitliche Fußspuren in der Höhle von Niaux

CHAUVET – Die Höhle von Chauvet in Frankreich wurde erst vor einigen Jahren entdeckt. Ihre Entdeckung schlug wie eine Bombe ein. In Chauvet wurden die bisher ältesten Bilder der Menschheit gefunden (Alter zirka 35 000 Jahre). Die Auswahl der dargestellten Tiere, die Maltechnik und die künstlerische Qualität waren so sensationell, dass viele Theorien über Höhlenmalerei über den Haufen geworfen wurden und einige Wissenschaftler Kopf standen. Wie schon in ➔ Altamira wurde von Fälschung gesprochen. Durch die Radiokarbonmethode (➔ Datierung) konnte jedoch das hohe Alter der Bilder bestätigt werden. Die Höhle ist nicht für die Öffentlichkeit zugänglich, da daran wissenschaftlich gearbeitet wird. Außerdem will man nicht den gleichen Fehler wie in ➔ Lascaux machen.

Aus der Höhle Chauvet stammen die Bilder auf den Seiten 56, 63, 87, 156, 158 und 162/163.

(➔ Bären, Bilderhöhle)

COSQUER – Vor einigen Jahren entdeckte der Taucher Henri Cosquer 37 m unter der Oberfläche des Mittelmeeres in der Nähe von Marseille einen Einlass im Fels. Er schwamm in den langen, engen Gang hinein und tauchte in einer Höhle auf, die mit 18 000 Jahre alten Felsbildern geschmückt war. In der Eiszeit lag der

Querschnitt durch die Cosquer-Höhle

Eingang der Höhle am trockenen Land. Der Meeresspiegel lag damals tiefer, da durch die großen Gletschermassen viel Wasser gebunden wurde. (➔ Eiszeit)

Die Höhle wurde nach ihrem Entdecker benannt und der Unterwassereingang mit einem Stahltor verschlossen. Trotzdem gelang es einigen Hobbytauchern, das Tor aufzubrechen und in den Gang einzudringen. Drei von ihnen fanden dabei den Tod.

Einzigartig an der Cosquer-Höhle sind die Darstellungen von Quallen, Seelöwen und pinguinähnlichen Vögeln. Das Bild des durchbohrten Mannes auf Seite 113 stammt von der Decke dieser Höhle.

(➔ Bilderhöhlen, Hände, Menschendarstellungen)

DATIERUNG – Es ist nicht leicht, das Alter eines Höhlenbildes festzustellen. Befinden sich in einem Bild organische Spuren (Holzkohle, Fett- und Pflanzenreste usw.), ist die Sache relativ einfach. Ein winziger Farbteil wird dem Bild entnommen und mit der Radiokarbonmethode untersucht. Sie liefert ziemlich genau das Alter des Bildes. Bei Ritzzeichnungen und bei Bildern, die nur mineralische Farben enthalten, ist diese Methode nicht anwendbar. Hier werden Vergleiche mit Fundstücken angestellt, die im Höhlenboden unter den Bildern gefunden wurden. Man macht stilistische und motivliche Vergleiche mit anderen Bildern – aber das Ergebnis dieser Altersbestimmung bleibt Schätzung.

EISZEIT – Während der letzten Eiszeit (Würm-Eiszeit) war halb Europa von Gletschern bedeckt. Wo heute Städte wie Salzburg, München, Zürich, Berlin oder Stockholm liegen, lag damals eine viele hundert Meter dicke Eisschicht. Da durch die Gletscher viel Wasser gebunden war, lag der Meeresspiegel etwa 100 bis 130 m tiefer. (➔ Cosquer) Die Landkarte Europas sah damals etwas anders aus:

—— *Heutiger Küstenverlauf*
······ *Ausdehnung der Gletscher*
—— *Küstenverlauf in der Eiszeit*

In den Gebieten, die nicht vom Eis bedeckt waren, lagen weite Tundren und Grassteppen, ideal für die Herden der Pferde, Wisente, Rentiere, Rinder, Nashörner ... Fleisch und Fisch dürften die Hauptnahrungsquellen der damaligen Menschen gewesen sein. In höher gelegenen Gebieten standen Wälder von dichten Nadelhölzern, entlang den Flüssen kleine Laubwälder. Auch während der Eiszeit gab es zwischendurch wärmere Perioden.

Die Würm-Eiszeit begann vor etwa 70 000 Jahren und endete vor ungefähr 10 000 Jahren. Mit dem Ende der Eiszeit starben viele der damaligen Tierarten aus: Mammut, Höhlenbär, Höhlenlöwe, Wollnashorn ... Zu Ende ging auch die Kultur der Jäger und Höhlenmaler. Eine neue Zeit begann: die der sesshaften Bauern.

ERSTER DER HERDE – Häuptling des Stammes

FARBEN – Für die steinzeitlichen Höhlenbilder wurden die Farben Gelb, Rot und Schwarz verwendet und die verschiedenen Abstufungen von Braun und Ocker, die sich durch Mischen ergeben.

Rot und Gelb wurde aus Steinen hergestellt, die Eisenoxid beinhalten. (Gelber Ocker, Rötel, Hämatit, Pyrit, Goethit ...)

Die schwarze Farbe wurde aus Manganerz oder Holzkohle gewonnen.

Mit den Steinstücken oder der Holzkohle konnte entweder

direkt an die Wand gezeichnet werden oder die Stücke wurden zerkleinert und zu Farbstaub zerrieben. Der Farbstaub wurde trocken auf den feuchten Fels aufgetragen oder mit Wasser oder Speichel angerührt und auf trockenen Stein gemalt. Wenn zum Anrühren Wasser aus der Höhle verwendet wurde, verband sich die Farbe fest mit dem Fels, wurde Teil des Steins. Daher die lange Lebensdauer der Bilder.

(➔ Malen, Kulls Krankheit)

FETTLICHT – Ausgehöhlte Steine wurden mit Tierfett gefüllt. Als Docht dienten Holzspäne (Wacholder) oder geflochtene Schnüre aus weichem trockenen Material (Flechten, Gräser). Ein Fettlicht brennt etwa eine Stunde, dann muss Fett nachgefüllt und der Docht erneuert werden. Das Licht hat die Stärke einer Kerze und erzeugt weniger Rauch als eine Fackel. Zum Malen der Höhlenbilder wurden vermutlich Fettlichter verwendet, da unter vielen Bildern ausgehöhlte Steine mit Spuren von Verbrennung gefunden wurden. Heute verwenden noch einige Eskimostämme Fettlichter.

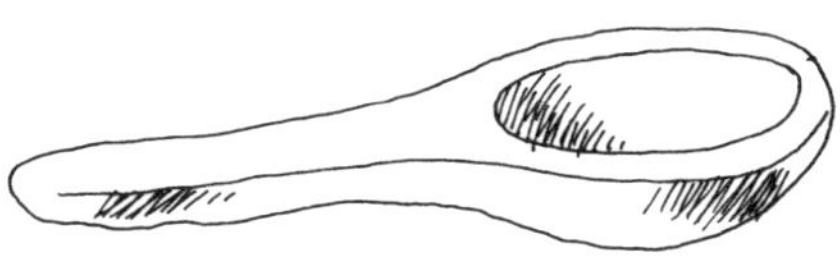

Steinerner Behälter für Fettlicht aus der Höhle von Lascaux

FEUER – Wie wichtig Feuer während der Eiszeit war, braucht wohl nicht gesagt zu werden. Als Brennstoff wurden Holz, Knochen und Tierfett verwendet. Um das Feuer zu entfachen, gab es verschiedene Methoden des Reibens von trockenem Holz oder Funken wurden mit dem Feuerstein geschlagen.

Im Zweikampf der Schamanen auf den Seiten 71 bis 76 wird die Farbe des Feuers wie durch Magie verändert. Doch nicht die Magie, sondern die Chemie ist es, die den Feuerzauber ermöglicht.

Feuerzauber	–	selbst gemacht:
Gelb	–	Natrium
Blau	–	Cäsium
Rot	–	Lithium
Grün	–	Kupfer
Violett	–	Kalium
Weiße Funken	–	Magnesium

Alle diese Chemikalien kommen in der Natur in Verbindung mit anderem Gestein vor.

GROSSE FRAU – Aus der Steinzeit sind etliche Figürchen erhalten, die sehr dicke Frauen darstellen, mit großen Brüsten, schwangerem Bauch und überdimensioniertem Gesäß. Die Gesichtszüge sind nicht genau ausgearbeitet und erinnern oft an einen Vogelkopf. Auch die Füße sind nicht dargestellt, was vermuten lässt, dass die Figuren in die Erde gesteckt wurden. An einigen der steinernen Figuren sind noch Spuren von roter Farbe zu erkennen. Forscher vermuten, dass die Frauengestalten Teil eines Fruchtbarkeitsrituals waren,

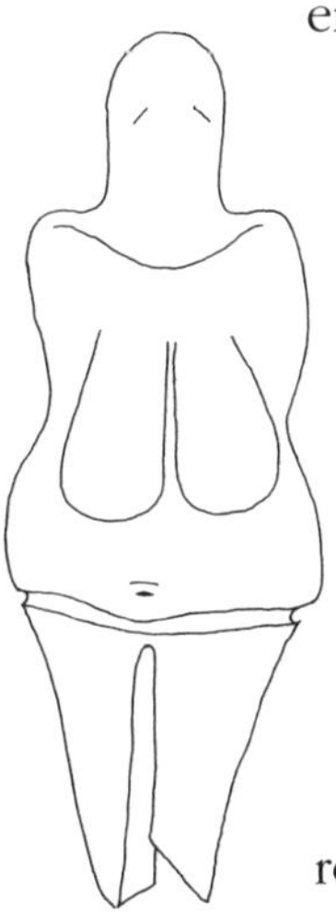

Frauenfigur aus Dolni Vestonice (Tschechien)

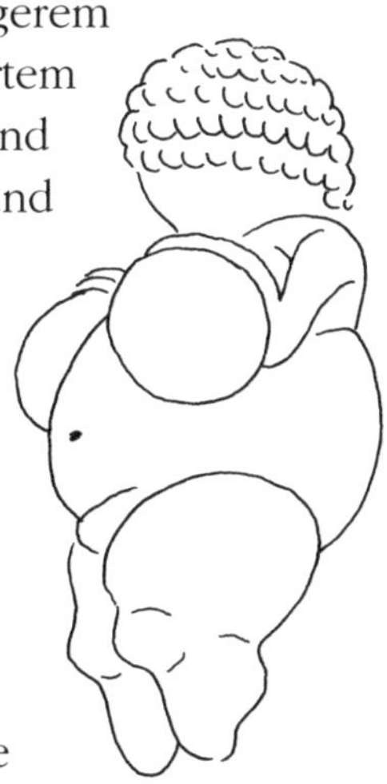

Venus von Willendorf (Österreich)

wie es auf den Seiten 88 bis 93 beim Fest der Großen Frau beschrieben wird.

(➔ Menschendarstellungen)

HÄNDE – In fast allen Bilderhöhlen wurden Handbilder wie auf Seite 93 gefunden. In Rot und Schwarz, negativ (die aufgelegte Hand wird mit Farbe besprüht) und positiv (die bemalte Hand wird auf den Fels gedrückt). An vielen Negativ-Händen fehlen Fingerglieder. Dies muss nicht bedeuten, dass es sich dabei um verstümmelte Hände handelt. Durch Einknicken einzelner Finger entsteht der Eindruck von Fingerstummeln.

Beim Brauch der Hände auf den Seiten 92 bis 94 wird ein Ritual beschrieben, in dem Jugendliche zu erwachsenen Stammesmitgliedern werden (Initiationsritus). Bei heute lebenden Naturvölkern sind solche Riten noch üblich, die oft von Mutproben und schmerzhaften Handlungen begleitet sind. In der Cosquer-Höhle befinden sich Handbilder über einem tiefen Schacht und es dürfte großen Mut erfordert haben, sein Handbild dort zu hinterlassen.

Unsere heutigen Initiationsriten wie Firmung, Konfirmation, Bar-Mizwa und Jungbürgerfeiern sind zum Glück weder schmerzhaft noch gefährlich.

HIRSCH – Der Nachfolger des eiszeitlichen Hirschs lebt heute noch. Er wurde damals nicht nur seines Fleisches wegen gejagt. Sein weiches Leder wurde für Kleidung genutzt, seine Knochen und sein Geweih

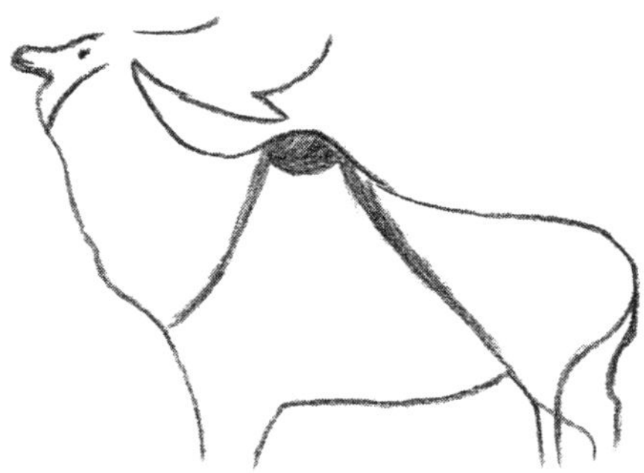

Megaceros

verwendete man als Speerspitzen, als ➔ Werkzeug und für Schnitzarbeiten.

Das Original des Hirschbilds auf Seite 42 befindet sich in der Höhle von Lascaux.

Ein Verwandter des Hirschs war der Megaceros oder Riesenhirsch. Sein Schaufelgeweih hatte eine Breite von 3 m und wog bis zu 74 kg. Am Ende der Eiszeit starb er aus. In den sich nun ausbreitenden Wäldern konnte er mit seinem Riesengeweih nicht überleben. Er überlebt in einer Zeichnung in der Höhle von Cougnac, Frankreich.

KALTE, WEISSE ZEIT – Winter

KEINHALS – Natürlich haben die Neandertaler einen Hals besessen. Da bei diesem Menschentyp die Wirbelsäule etwas schräg nach unten aus dem Hinterkopf tritt, musste er seinen Kopf nach vorne gebeugt halten und sein Hals wird zwischen den kräftigen Nacken- und Schultermuskeln wenig sichtbar gewesen sein.

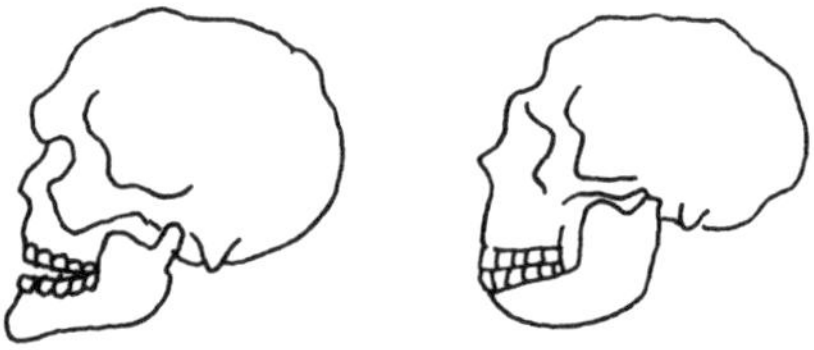

Homo sapiens sapiens *Homo sapiens neanderthalensis*

Uum, der Keinhals auf den Seiten 122 bis 125 und 171 bis 172 ist ein Neandertaler (Homo sapiens neanderthalensis). Diese Menschen bewohnten seit rund 200 000 Jahren den größten Teil

Europas. Sie lebten in Höhlen oder Zelten und stellten einfache Steinwerkzeuge her. Vor etwa 35 000 Jahren verschwanden sie. Gleichzeitig tauchte ein neuer Menschentyp auf: der Cromagnon-Mensch (homo sapiens sapiens, auch Neu- oder Jetztmensch genannt). Er war etwas größer, hatte eine unterschiedliche Schädelform und einen anderen Knochenbau. Er stellte spezialisiertere Werkzeuge her und begann – erstmals in der Geschichte der Menschheit – Geräte zu verzieren und Bilder zu malen.

Ob die Neandertaler ausgestorben sind oder sich mit den Cromagnon-Menschen vermischten, konnte die Wissenschaft noch nicht eindeutig klären.

KRIEG – Die Art der Kriegsführung, die auf den Seiten 134 bis 136 beschrieben ist, wird noch heute von Papua-Stämmen in Neuguinea praktiziert. Einige von diesen Stämmen leben noch auf einer der Steinzeit ähnlichen Kulturstufe.

KULLS KRANKHEIT – Das zur Herstellung von schwarzer ➔ Farbe benötigte Manganerz enthält Manganoxid. Es ist giftig, und wenn es mit der Mundschleimhaut in Berührung kommt, kann es Visionen und Halluzinationen erzeugen, wie sie Kull auf Seite 108 beschreibt. Eine längere Einnahme des Gifts führt zu einer Krankheit, die der Schüttellähmung (parkinsonsche Krankheit) ähnlich ist. Auf den Seiten 143 bis 145 zeigen sich bei Kull die Symptome dieser Krankheit.

(➔ Schamane)

LASCAUX – Die berühmteste Bilderhöhle Frankreichs wurde 1940 von einigen Jungen entdeckt, die ihren Hund Robot suchten, der in einer Felsspalte verschwunden war. Der Hund wurde gerettet, aber die Bilder in der Höhle gingen um ein Haar verloren: Der Touristenverein erweiterte den kleinen Felsspalt zu einem großen Eingang und bald pilgerten täglich bis zu 2000 Besucher durch die Höhle. Die hohe Ansammlung von Kohlendioxid, die Verdoppelung der Höhlentemperatur, der Anstieg der Luftfeuchtigkeit und das Einschleppen von Pollen und Algen war für die Bilder zu viel. Die steinzeitlichen Kunstwerke wurden von grünen Algen und weißen Kristallen überzogen. Die Höhle wurde geschlossen. In mühsamer Kleinarbeit konnten die Bilder gerettet werden. Heute kann man Lascaux II besuchen: Teile der Höhle wurden nachgebaut, die Bilder auf die Wände projiziert und nachgemalt. – Kein ganz zufrieden stellender Ersatz, doch es ist besser, dass die Originale für weitere Forschungsarbeit erhalten bleiben.

Aus Lascaux stammen die Bilder auf den Seiten 17, 21, 42, 46, 83, 90, 91 und 115.

(➔ Noo)

LÖWE – Der eiszeitliche Höhlenlöwe war größer als sein heutiger Nachkomme und trug keine Mähne. Löwenjagden standen wohl kaum auf dem Programm der Steinzeitmenschen. Es dürfte eher das Gegenteil der Fall gewesen sein.

Die Bilder der Löwen auf Seite 158 und 163 stammen aus der Höhle Chauvet, Frankreich.

MALEN – Verschiedenste Techniken wurden bei der Herstellung von Höhlenbildern verwendet: Ritzen und Schaben; Zeichnen mit Holzkohle und Rötel; Malen mit Fingern, Zweigen, Fellstücken, Pinseln; Versprühen von Farbe mit den Lippen; Verwendung von Schablonen. – Das gepunktete Pferd aus der Höhle Pech-Merle, Frankreich, wurde etwa auf folgende Weise hergestellt:

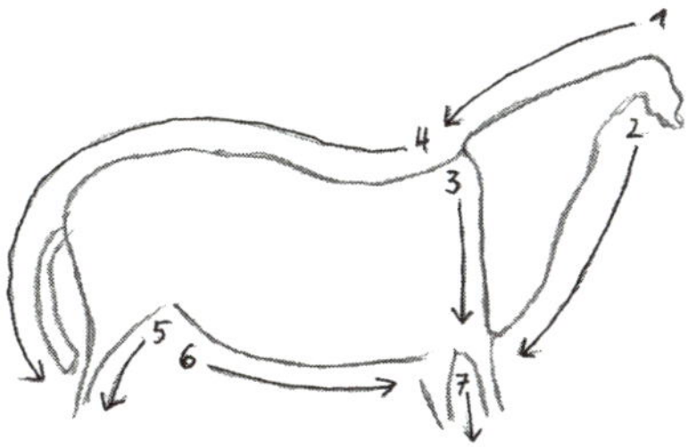

Die Umrisse werden mit Holzkohle gezeichnet. (Die Pfeile geben die Reihenfolge und die Zeichenrichtung an.)

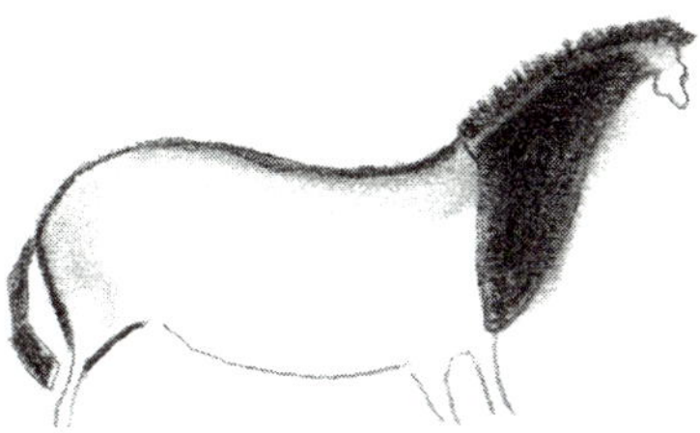

Die flüssige Farbe wird mit den Lippen aufgesprüht, die Hände grenzen das Sprühfeld ab.

Beine, Kopf und Bauchhaare werden mit dem Finger gemalt.

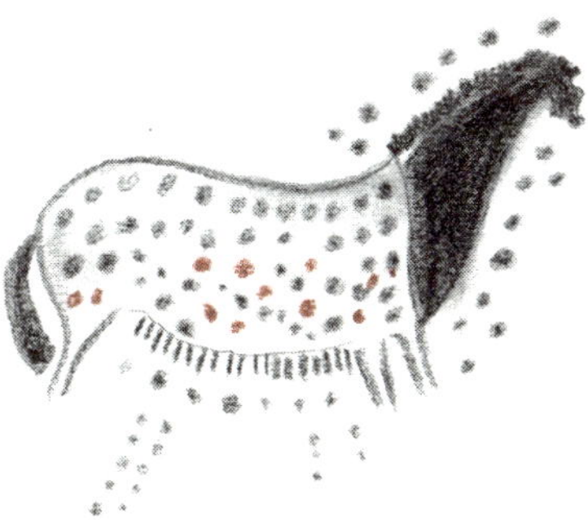

Punkte werden mit Hilfe einer Lochschablone (Leder, Rinde usw.) und mittels Sprühen aufgetragen.

(➔ Farben)

MAMMUT – Nur eine halbe Portion ist unser heutiger Elefant, verglichen mit dem 5 m hohen Mammut der Eiszeit. Nicht nur in der Größe unterscheidet sich das Mammut vom Elefanten (der übrigens nicht sein Nachkomme ist): Stirnhöcker, lange, geschwungene Stoßzähne, zottiges Fell, das bis zum Boden reicht. Jagd auf dieses Tier war wohl nur durch Fallgruben möglich. Gegen Ende der Eiszeit starb das Mammut aus. Vollständig erhaltene Tierkörper wurden im ganzjährig gefrorenen Boden in Sibirien gefunden.

Das Bild auf Seite 162/163 zeigt ein Mammutjunges aus der Höhle Chauvet, Frankreich.

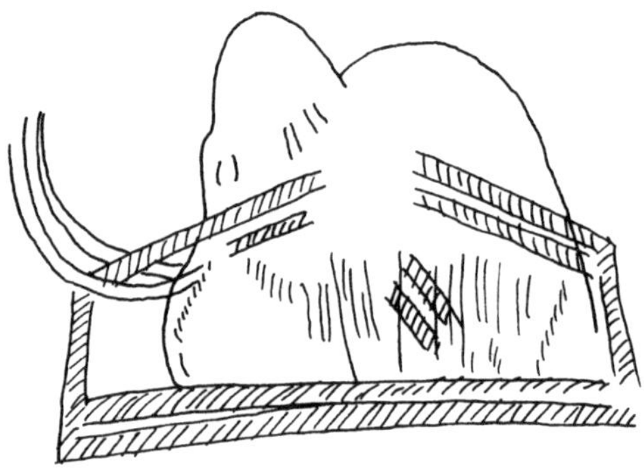

Mammut in Falle (Font de Gaume, Frankreich)

MANNMUTTER – Vater

MAU – Mau wird auf den Seiten 100 bis 103 getrunken. Es entspricht dem Met (Honigwein), einem alkoholischen Getränk, das noch heute genossen wird.

MENSCHENDARSTELLUNGEN – Zeichnungen, die Menschen darstellen, sind in den Bilderhöhlen der Eiszeit sehr selten. Meist sind sie an unzugänglichen, versteckten Orten angebracht, so, als ob sie niemand sehen sollte. Oft sind es Mischwesen – halb Mensch, halb Tier.

»Schamane« (Les Trois Frères, Frankreich)

»Wisentfrau« (Pech-Merle, Frankreich)

Zwei Frauengestalten sind auch im »Suchbild« auf Seite 44 versteckt. Das Bild eines durchbohrten Menschen aus der Cosquer-Höhle ist auf Seite 113 zu finden. Ein ähnliches Motiv ist in der Höhle Cougnac, Frankreich, dargestellt.

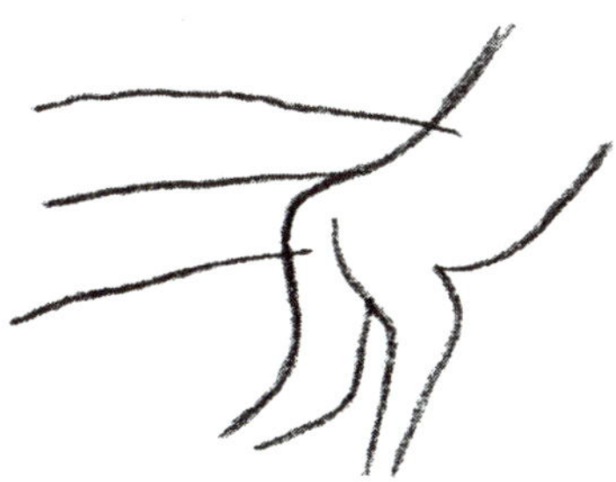

MENSCHENHERDE – Stamm, Clan, Großfamilie

MITTERNACHT – Norden

MUSIK – Musikinstrumente aus Holz, Leder, Sehnen usw. sind aus der Steinzeit nicht erhalten. Wohl aber hohle Knochen, in die (wie bei einer Flöte) Löcher gebohrt wurden. Auch an Tropfsteinen in akustisch günstigen Höhlenräumen wurden Schlagspuren gefunden. Auf diesen »Steintrommeln« könnte Musik gemacht worden sein, wie sie auf den Seiten 49 und 89 beschrieben ist. Die unheimlichen Töne des Schwirrholzes auf Seite 139 dürften eher in den Bereich der Magie fallen. Das Schwirrholz steht noch heute bei den Ureinwohnern Australiens in Verwendung.

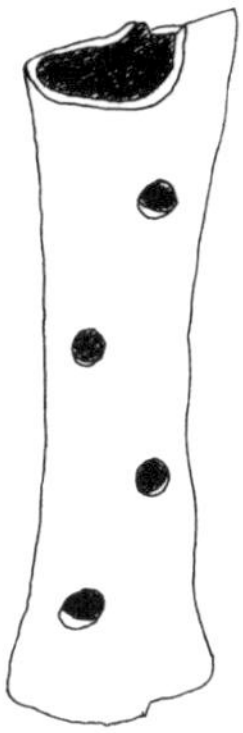

»Knochenflöte« aus Willendorf, Österreich

NASHORN – Kürzlich wurden in den ganzjährig gefrorenen Böden Sibiriens vollständig erhaltene Körper von Nashörnern gefunden, die während der letzten Eiszeit in ganz Europa lebten. Das Wollnashorn trug im Winter ein rötliches Fell, das bis zum Boden reichte. Höhe der Tiere: 1,60 m, Länge: 3,50 m. Das vordere der beiden Hörner konnte bis zu einem Meter lang werden. Jagd wurde auf das gepanzerte Ungetüm wohl kaum gemacht, dafür wurde es viel lieber gemalt.

Die Bilder der Nashörner auf den Seiten 156 und 162 stammen aus der Höhle Chauvet in Frankreich.

NIAUX – Die Höhle von Niaux in Frankreich ist die größte und weitest verzweigte aller steinzeitlichen Bilderhöhlen. Bis zu 2 km vom Höhleneingang entfernt sind noch Malereien zu finden. In der Höhle gibt es fünf Seen. Vier von ihnen können bei trockenem Wetter durchwatet werden. Nur der letzte See muss, selbst bei lange anhaltender Trockenheit, mit Taucherausrüstung durchschwommen werden. Es wird wohl immer ein Rätsel bleiben, wie die steinzeitlichen Künstler mit Licht und Malausrüstung dorthin gelangten. Das letzte Bild in diesem Saal ist ein Wiesel. In der Nähe wurde auch das Skelett eines Wiesels gefunden. Zufall?

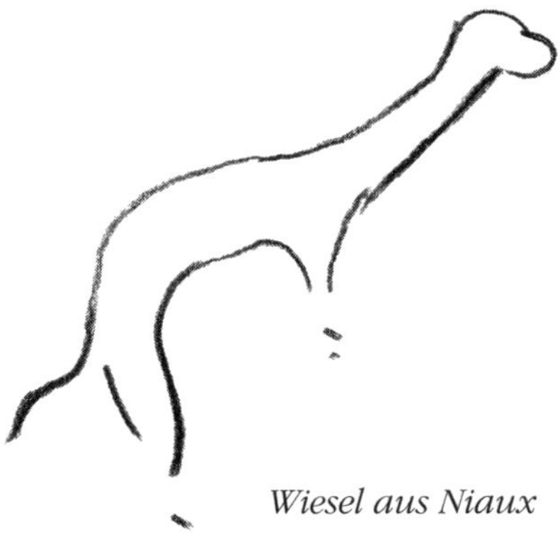

Wiesel aus Niaux

Das Prunkstück der Höhle ist der Schwarze Salon, ein kapellenartiger Saal mit etwa 60 Darstellungen von Wisenten, Steinböcken, Hirschen und Pferden.

Teile der Höhle sind auch für die Öffentlichkeit zugänglich.

(➔ Bilderhöhlen)

NOO – Tiefe Schächte wie Noo, der verbotene Schlund, in dieser Geschichte, gibt es in vielen steinzeitlichen Bilderhöhlen. Die Menschen dürften diesen unheimlichen Orten besondere Bedeutung zugemessen haben. In der Höhle von ➔ Lascaux befindet sich ein etwa 8 m tiefer Schacht, in dem sich das Bild auf Seite 115 befindet. Dieser Ort konnte nur mit einem Seil erreicht werden. Und tatsächlich wurden an lehmigen Stellen Abdrücke eines Seils gefunden, an dem die Menschen der Steinzeit in die grausige Tiefe geklettert waren.

(➔ Hände, Cosquer)

PFERD – Das Pferd ist das am häufigsten dargestellte Tier unter den Höhlenmalereien. Mangelnde Knochenfunde an steinzeitlichen Feuerstellen lassen vermuten, dass Pferde wegen ihrer Schnelligkeit sehr schwer zu jagen waren.

Nachfolger einer eiszeitlichen Pferderasse leben heute noch wild in der Mongolei. Diese kleinen, untersetzten Przewalsky-Pferde haben eine Bürstenmähne, einen dicken, durchhängenden, weißen Bauch und kurze Beine. Die Grenze vom Weiß zum andersfarbigen Fell bildet eine wellenförmige M-Linie wie auch an diesem Pferd aus ➔ Lascaux zu sehen ist.

»Japanisches« Pferd aus Lascaux

RENTIER – Es lebt heute noch in den arktischen Regionen von Alaska, Kanada, Skandinavien und Sibirien. Für den eiszeitlichen Jäger war sein Fleisch die hauptsächliche Nahrungsquelle, wie Knochenfunde an Feuerstellen beweisen. Auf Höhlenbildern ist es eher selten zu finden. Rentiere vertragen Temperaturen über 13° Celsius nicht gut und sind daher jährlich zu zwei Wanderungen gezwungen. Sie schließen sich zu riesigen Herden von mehreren tausend Tieren zusammen und wandern im Frühjahr in kältere Gebiete, im Herbst wieder zurück. Entlang ihren Wanderrouten lauerten ihnen die steinzeitlichen Jäger auf.

Rentier aus Les Trois Frères

SCHAMANE – Schamanen, Medizinmänner, Zauberer, Seher, Heiler und Magier sind nur einige Namen, die Naturvölker einigen besonderen Menschen ihres Stammes geben. Zu den Aufgaben des Schamanen gehört es, Kranke zu heilen, Rituale durchzuführen, die Geister für wichtige Unternehmen günstig zu stimmen und Rat bei großen Entscheidungen zu geben. Einige Forscher glauben auch, dass es Schamanen waren, die die steinzeitlichen Höhlenbilder malten. Oft treten Schamanen durch Trance oder mit Hilfe von bewusstseinserweiternden Drogen mit einer anderen Welt, mit Geistern und Dämonen in Verbindung.

Die Aufgaben der Schamanen erfüllen in unserer modernen Gesellschaft Ärzte, Priester, Psychologen, Künstler, Intellektuelle, Wahrsager, Astrologen ...

Auf dem Bild auf Seite 85 ist rechts unten ein als Wisent verkleideter Schamane zu sehen. Dieses Bild stammt aus der Höhle von Les Trois Frères.

(➔ Kulls Krankheit)

SCHWIRRHOLZ – ➔ Musik

SPEERARM – Dieses Wurfgerät, das Dreibein auf Seite 105 entdeckt, wird auch Speerschleuder oder Speerholz genannt.

Die Azteken nannten es Atlatl, australische Ureinwohner verwenden es noch heute. In den USA ist der Umgang mit der Speerschleuder im Begriff, eine Trendsportart zu werden. Schon in der Steinzeit gab es dieses Gerät, das es ermöglicht, den Speer bis zu 200 m weit zu werfen. Noch auf 40 m Entfernung kann Wild damit getötet werden. Ein weiterer Vorteil: Die Flugbahn ist kein Bogen wie beim handgeschleuderten Speer, sondern sie verläuft ziemlich gerade, was das Zielen erleichtert.

Dreibeins Speerschleuder mit dem geschnitzten Vogelkopf und dem Steinbock wurde in Mas-d'Azil, Frankreich gefunden:

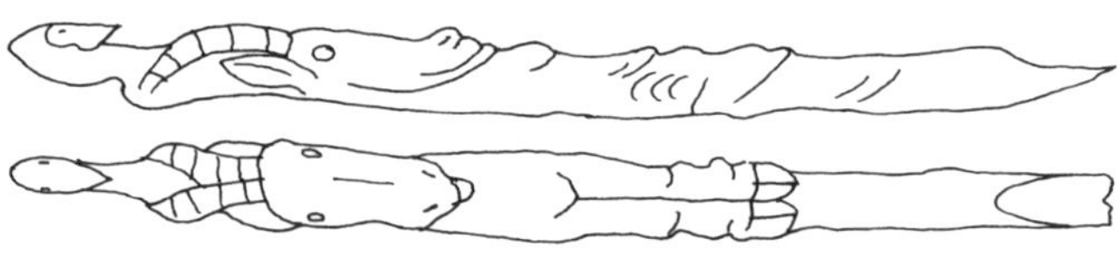

Die Funktionsweise einer Speerschleuder:

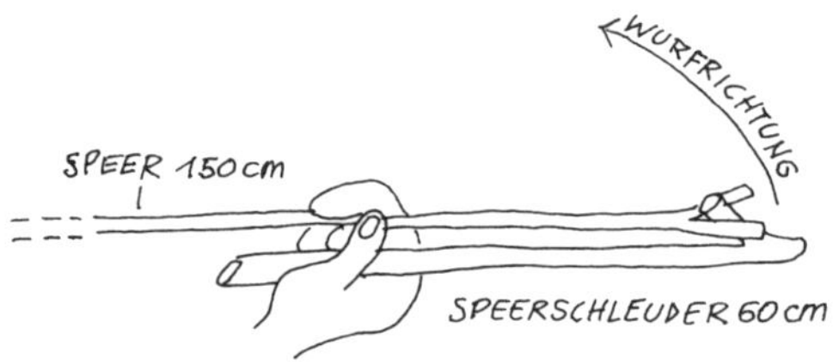

STEINBOCK – Er lebt heute noch, hoch oben in den Bergen. Zur Eiszeit lagen dort Gletscher, die den Steinbock hinunter in die Täler trieben. Zur Freude der steinzeitlichen Jäger, aber auch der Höhlenmaler, die ihn oft dargestellt haben.

Das Bild des Steinbocks auf den Seiten 75 und 173 ist in Fos Côa, Portugal, in den Fels geritzt.

TL-TL – Der Name des Häuptlings der Pferdemenschen klingt, wie wenn mit der Zunge geschnalzt wird. Ein Laut, wie wir ihn nur im Umgang mit Pferden verwenden. Bei einigen Stämmen in Südafrika und Namibia ist dieser Laut noch Bestandteil der Sprache.

WACHSENDE STEINE – Tropfsteine

WARME ZEIT DER BUNTEN BLUMEN – Sommer

WERKZEUG UND WAFFEN – Von den Geräten der Steinzeit haben sich nur solche bis heute erhalten, die aus Stein, Bein oder Horn bestanden. Von Gegenständen aus Holz, Leder, Fasern, Lehm usw. wissen wir nur wenig.

Stücke, die von Feuersteinknollen abgeschlagen werden, weisen sehr scharfe Kanten auf. So wurden Klingen, Schaber, Bohrer, Sägen, Speerspitzen, Äxte und vieles mehr aus Feuerstein gefunden. Aus Knochen, Geweih und Mammutzähnen wurden Harpunen mit Widerhaken, Speerspitzen, Wurfkeulen, Nähnadeln mit Öhr, Lochstäbe (zum Geradebiegen von Speeren), Flöten (➔ Musik), Behälter usw. hergestellt.

Seit dem Beginn der Höhlenmalerei sind in viele dieser Geräte Zeichen und Muster geschnitten. Unter anderem wahrscheinlich auch, um bei erlegtem Wild den Schützen des tödlichen Wurfs am Zeichen an der Speerspitze feststellen zu können. Dies wurde dem Schamanen Schleem auf Seite 166 zum Verhängnis.

Viele zerbrochene Speerspitzen und Spieße wurden rund um Tierbilder in Felsritzen und im Höhlenboden gefunden (Seite 82 und 115).

(➔ Speerarm, Fettlicht)

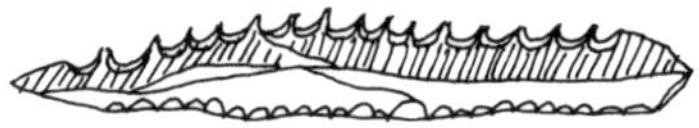

Säge aus Feuerstein

Harpune aus Horn

Speerspitze aus Knochen

WILDER LAUF DER GROSSEN ANGST – Diese Bezeichnung Kulls für die panikartige Flucht von Tierherden vor Feuer oder einer anderen Bedrohung nennen wir heute »Stampede« (Seiten 157 bis 159).

WISENT – Dieses Tier sieht dem amerikanischen Bison ähnlich, war aber zwei Meter hoch und wog etwa 1000 kg. Die Menschen der letzten Eiszeit haben den Wisent sehr häufig auf ihren Höhlenbildern dargestellt. Sie dürften ihn im Allgemeinen nicht gejagt haben, da Knochenfunde vom Wisent an steinzeitlichen Feuerstellen nur selten anzutreffen sind. In entlegenen Teilen Europas lebte der Nachfolger des eiszeitlichen Wisents bis ins 18. Jahrhundert, heute sind Nachzüchtungen nur mehr in zoologischen Gärten zu finden.

Der Wisent auf Seite 46 aus Lascaux ist eben dabei, sein dunkles Winterfell zu verlieren.

ZEICHEN – Neben den vielen Tierdarstellungen finden sich in den Bilderhöhlen auch Zeichen wie Punkte, Striche, Vierecke, Gitter, Pfeile und unbestimmte Linien. Die Deutungsversuche reichen von »abstrakten Schriftzeichen« bis »unbeabsichtigte Kritzeleien«.

Die Punkte auf dem Wächterstein auf Seite 13 sind in der Höhle Chufin (Spanien) zu finden und das bemalte Gitter auf Seite 83 befindet sich in Lascaux (Frankreich). In den verschlungenen Linien auf Seite 44 (Pech-Merle, Frankreich) werden bei genauem Hinsehen Tiergestalten sichtbar.

Verschiedene Deutungen von einigen Zeichen:

Fächer, Hütte, Zelt, Qualle

Speer, Geweih, Pflanze, Baum

Keule, Bogen, Frau

Gitter, Falle, Wappen

ZEIT DER FALLENDEN GELBEN BLÄTTER – Herbst

ZEIT DER GRÜNEN KNOSPEN – Frühling

ZUNGENZEIGEN – Das Herzeigen der Zunge des Schamanen Schleem (um zu beweisen, dass keine Lüge auf seiner Zunge ist) ist heute noch Brauch bei einigen tibetanischen Stämmen. In unserer westlichen Gesellschaft heben wir die Hand zum Schwur oder drücken sie ans Herz.

Verwendete Bücher

Altuna, Jesus: EKAIN UND ALTXERI BEI SAN SEBASTIAN. Zwei altsteinzeitliche Bilderhöhlen im spanischen Baskenland. Jan Thorbecke Verlag, Sigmaringen 1996

Beltrán, Antonio: ALTAMIRA Jan Thorbecke Verlag, Sigmaringen 1998

Biedermann, Hans: HÖHLENKUNST DER EISZEIT. Wege zur Sinndeutung der ältesten Kunst Europas. DuMont Buchverlag, Köln 1984

Chauvet, Jean-Marie u.a.: DAWN OF ART: THE CHAUVET CAVE. The oldest paintings in the world. Thames and Hudson Ltd., London 1996

Clottes, Jean: NIAUX. Die altsteinzeitlichen Bilderhöhlen in der Ariège und ihre neu entdeckten Malereien. Jan Thorbecke Verlag, Sigmaringen 1997

Clottes, Jean und Courtin, Jean: THE CAVE BENEATH THE SEA. Paleolithic images at Cosquer. Harry N. Abrams, Incorporated, New York 1996

Clottes, Jean und Lewis-William, David: SCHAMANEN. Trance und Magie in der Höhlenkunst der Steinzeit. Jan Thorbecke Verlag, Sigmaringen 1997

Courtin, Jean: DIE VERGESSENE HÖHLE. Jan Thorbecke Verlag, Sigmaringen 1998

Howell, Clark: DER MENSCH DER VORZEIT. Rowohlt Taschenbuch, Reinbek bei Hamburg 1975

Johnson, Buffie: LADY OF THE BEASTS. Ancient Images of the Goddess and her Sacred Animals. Harper & Row, Publishers, New York 1988

Lorblanchet, Michael: HÖHLENMALEREI. Ein Handbuch. Jan Thorbecke Verlag, Sigmaringen 1997

Neugebauer, Johannes-Wolfgang: ÖSTERREICHS URZEIT. Bärenjäger – Bauern – Bergleute. Amalthea Verlag, Wien-München 1990

Ruspoli, Mario: DIE HÖHLENMALEREI VON LASCAUX. Auf den Spuren des frühen Menschen. Weltbild Verlag, Augsburg 1998

Urban, Otto: WEGWEISER IN DIE URGESCHICHTE ÖSTERREICHS. Archäologie sehen, erkennen, verstehen. ÖBV, Wien 1989

Waechter, John: DIE ENTSTEHUNG DER MENSCHHEIT. Karl Motzet, München 1975

Wood, Bernard und Caseli, Giovanni: DIE WELT DES URMENSCHEN. Neuer Tessloff Verlag, Hamburg 1976

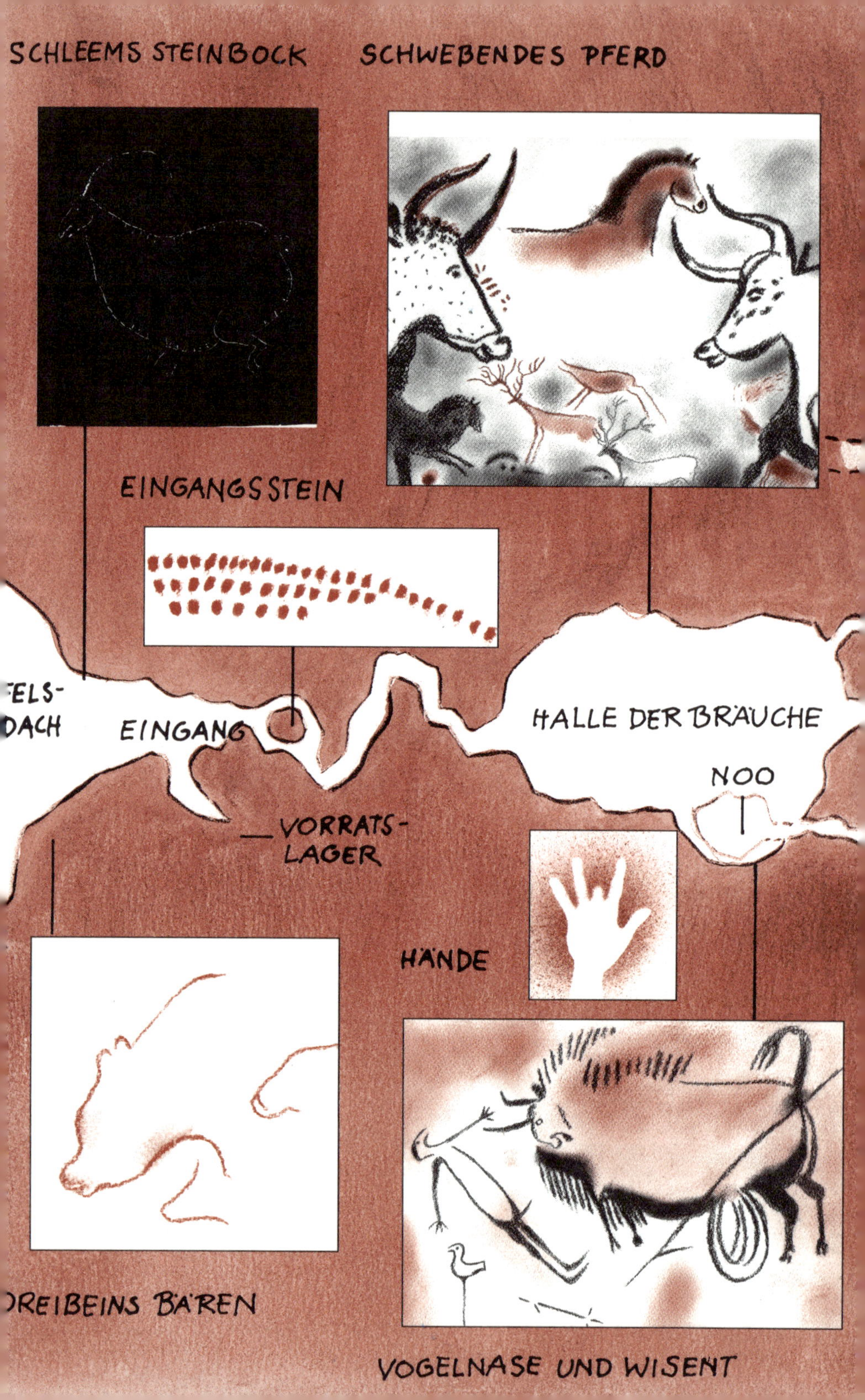
SCHLEEMS STEINBOCK
SCHWEBENDES PFERD
EINGANGSSTEIN
FELS-
DACH
EINGANG
HALLE DER BRÄUCHE
NOO
VORRATS-
LAGER
HÄNDE
DREIBEINS BÄREN
VOGELNASE UND WISENT